WILLIAMS-SONOMA

SOPAS Y GUISADO

RECETAS Y TEXTO

DIANE ROSSEN WORTHINGTON

EDITOR GENERAL

CHUCK WILLIAMS

FOTOGRAFÍA

MAREN CARUSO

TRADUCCIÓN

LAURA CORDERA L.
CONCEPCIÓN O. DE JOURDAIN

MÉXICO

CONTENIDO

LAS CLÁSICAS

SOPAS SENCILLAS

SOPAS COMO PRIMER PLATO

SOPAS COMO PLATO PRINCIPAL

GUISOS COMPLETOS

ESTOFADOS

INTRODUCCIÓN

Hervir lentamente una variedad de ingredientes en una olla es un método antiguo para cocinar y siempre da como resultado una deliciosa combinación de sabores. La cocina de cada país tiene sus propias especialidades nacionalmente atesoradas, desde el borscht ruso o el tradicional guisado francés de alubias y salchicha, hasta la sopa wonton china. Versátiles y sustanciosas, las sopas y guisados son el platillo perfecto para muchas ocasiones. Una sencilla crema de tomate provee una maravillosa y fácil cena para cualquier noche de la semana, mientras que un copioso guisado servido como platillo principal garantiza satisfacer a una multitud hambrienta.

En las páginas de este libro se comparten las mejores sopas y guisados de todo el mundo. Un capítulo adicional de sabrosos estofados hace que los guisados adquieran otro nivel al cocer piezas grandes de pollo o carne para obtener un incomparable y delicioso resultado. Algunos platillos son rápidos y fáciles de preparar mientras que otros toman más tiempo para desarrollar lentamente su sabor. Al final del libro, una sección acerca de las técnicas básicas le proporcionará todos los conocimientos que necesita. Cuando haya probado algunas de las magníficas recetas de este libro, estoy seguro que rápidamente se convertirán en las favoritas de su hogar.

LAS CLÁSICAS

Desde la sopa de pollo con arroz hasta el gumbo estilo Cajún, las recetas de esta sección corresponden a sopas y guisados clásicos con las que siempre podrá contar para satisfacer a sus invitados y a usted mismo. Estas recetas que a todos les encantan son de una variedad de países, pero son la norma de oro de platillos agradables para empezar una comida o para servir como comidas por sí solas.

SOPA DE POLLO CON ARROZ

En una olla sobre fuego alto, hierva el caldo. Reduzca el fuego a medio y añada el pollo. Hierva a fuego lento cerca de 2 minutos, hasta que el pollo esté ligeramente cocido. Usando una cuchara ranurada, pase a un tazón y reserve.

Añada al caldo caliente el arroz, cebolla, zanahorias, jitomate y menta o hierbabuena, hierva a fuego lento y cocine hasta que las verduras y el arroz estén suaves pero firmes, cerca de 15 minutos.

Añada la calabacita y el pollo reservado a la sopa y hierva lentamente hasta que la calabacita esté suave, de 3 a 4 minutos más. Deseche las ramas de menta. Sazone con sal y pimienta al gusto.

Usando un cucharón pase la sopa a los tazones individuales precalentados y sirva de inmediato.

RINDE DE 4 A 6 PORCIONES

VARIEDADES DE ARROZ

El arroz de grano largo tiene unos granos alargados y delgados que son mucho más largos que anchos. Cuando se cocina, los granos permanecen esponjados y separados, convirtiéndolo en el arroz adecuado para servirse como guarnición o usarse en sopas como en esta receta. Las variedades de arroz de grano corto tienden a formar grumos y pegarse cuando se cocinan y se prefieren para la cocina asiática y caribeña. El arroz Arborio y el Carnaroli son arroces italianos cuyo contenido alto de almidón los hace más adecuados para el risotto; el arroz jazmín es un arroz perfumado popular en Tailandia; el arroz Basmati, un arroz aromático y con sabor a nuez, se usa en la cocina hindú.

6 tazas (1.5 l/48 fl oz) de caldo de pollo (página 112) o de consomé preparado

250 g (½ lb) de pechugas de pollo, deshuesadas y sin piel, cortadas en cubos de 12 mm (½ in)

¼ taza (60g/2 oz) de arroz blanco de grano largo

1 cebolla amarilla o blanca, finamente picada

2 zanahorias, sin piel, partidas a la mitad a lo largo y en rebanadas delgadas

1 jitomate, sin piel (página 109), cortado en cubos

4 ramas pequeñas de menta o hierbabuena fresca

1 calabacita (courgette), partida a la mitad a lo largo y en rebanadas delgadas

Sal y pimienta recién molida

CHOWDER DE ALMEJA ESTILO MANHATTAN

4 rebanadas gruesas de tocino, cortadas en cubos de 12 mm (½ in)

2 poros, únicamente las partes blancas y verde pálido, limpios (vea explicación a la derecha) y finamente picados

3 tallos de apio, cortados en rebanadas de 12 mm (½ in) de grueso

2 papas rojas, sin piel y cortadas en cubos de 12 mm (½ in)

2 dientes de ajo, finamente picados

1 lata de jitomates, en trozos (875 g/28 oz), con su jugo

2 latas de almejas, picadas (200 g/6½ oz), con el jugo drenado y reservado (vea Nota)

Sal y pimienta negra recién molida

2 cucharaditas de jugo de limón fresco

2 cucharadas de perejil liso (italiano) fresco, finamente pica

Galletas saladas pequeñas para sopa, para acompañar (opcional)

En una olla para sopa sobre fuego medio-alto, saltee el tocino cerca de 3 minutos, hasta dorar pero que no quede crujiente. Añada los poros, apio y papas y cocine, moviendo ocasionalmente, hasta que las verduras estén suaves y bien cubiertas, cerca de 3 minutos. Añada el ajo y saltee por 1 minuto más. Añada los jitomates con su jugo, 3 tazas (750 ml/24 fl oz) de agua y el jugo de almeja reservado y hierva sobre fuego alto. Reduzca el fuego a medio-bajo y hierva lentamente, cerca de 15 minutos, tapado, hasta que las papas se sientan suaves al picarlas con un tenedor.

Retire del fuego. Usando una batidora de inmersión o licuadora, haga un puré grueso con la sopa dejando algo de textura. Añada las almejas, sal y pimienta al gusto y jugo de limón y vuelva a colocar sobre fuego medio-bajo. Cocine suavemente cerca de 3 minutos, hasta que las almejas estén calientes. Pruebe y rectifique la sazón. Añada el perejil y mezcle hasta integrar.

Usando un cucharón sirva el chowder en tazones precalentados y lleve a la mesa inmediatamente, cubriendo con las galletas saladas, si se desea.

Nota: Las almejas enlatadas son adecuadas para esta receta porque su jugo le da más sabor a la sopa. Las almejas picadas se añaden en el último minuto para que estén suaves.

RINDE DE 4 A 6 PORCIONES

LIMPIANDO POROS

Los poros crecen mejor en una tierra arenosa, lo cual significa que sus hojas apretadas en capas generalmente esconden algo de lodo y suciedad. Para limpiar los poros, corte las raíces de la base, corte las hojas color verde oscuro de la parte superior y quite las hojas maltratadas o descoloridas de la parte exterior del tallo. Corte los poros a la mitad a lo largo (o corte en cuarterones si están particularmente largos) y lave bajo el chorro de agua fría, separando cuidadosamente las hojas para enjuagar la suciedad o las arenillas que se hayan quedado escondidas.

CHILI VEGETARIANO

Ponga los frijoles en un tazón de agua fría hasta cubrir y remoje por lo menos durante 4 horas o por toda la noche. Escurra y reserve.

Caliente el aceite en una olla grande fuerte para hornear u horno holandés sobre fuego medio. Añada las cebollas y saltee cerca de 5 minutos, hasta suavizar. Agregue el ajo, orégano, comino, cilantro, páprika, pimienta de cayena y el polvo de chile revolviendo para mezclar. Cocine moviendo cerca de 3 minutos, para que los ingredientes se cuezan uniformemente y suelten su sabor.

Añada los jitomates con su jugo, chile al gusto, el caldo y los frijoles escurridos y hierva. Reduzca la temperatura y cocine, parcialmente tapados, de 1 a 1½ hora, hasta que los frijoles estén suaves pero firmes. (Si la mezcla se espesa, añada un poco de agua). Cuando los frijoles estén suaves, añada el vinagre y cocine 1 minuto más. Añada el cilantro picado e integre para mezclar. Sazone con sal al gusto.

Vierta el chili en tazones precalentados y sirva de inmediato.

Para Servir: Para añadir color y sabor, decore cada tazón de chili con queso amarillo rallado, crema ácida, salsa, totopos de tortilla y una rama pequeña de cilantro

Variación: Si desea agregar carne a su chili, saltee 500 g (1 lb) de pavo o res molido hasta dorar y añada el chili con el cilantro.

RINDE DE 6 A 8 PORCIONES

---

2 tazas (440 g/14 oz) de frijol pinto seco, escogido, lavado y escurrido

3 cucharadas de aceite de canola

2 cebollas amarillas o blancas, finamente picadas

5 dientes de ajo, finamente picados

1 cucharada más 1 cucharadita de orégano seco y la misma cantidad de comino molido

1 cucharadita de cilantro molido

1 cucharada de páprika

¼ taza (30 g/1 oz) de polvo de chile de alta calidad

¼ cucharadita de pimienta de cayena

1½ taza (375 g/12 oz) de jitomates en trozos, enlatados

½ ó 1 chiles chipotle en adobo de lata (página 114), picado

5 tazas (1.250 l/40 fl oz) de caldo de verduras (página 112)

1 cucharada de vinagre balsámico

3 cucharadas de cilantro fresco finamente picado, más unas ramas enteras para decorar

Sal

GUISADO DE PESCADORES CON ALIOLI DE AJO ASADO

½ taza (125 ml/4 fl oz) de mayonesa (página 113)

2 cucharadas de Puré de Ajo Asado (explicación a la derecha)

1 cucharada de jugo de limón

1 pizca de pimienta de cayena

Sal y pimienta blanca molida

2 cucharadas de aceite de oliva

2 poros, únicamente las partes blancas y verdes, limpias (página 13) y finamente rebanados

1 zanahoria, sin piel y finamente picada

1 bulbo de hinojo, sin las puntas y finamente picado

3 dientes de ajo, finamente picados

2 tazas (500 ml/16 fl oz) de caldo de pescado (página 113) o jugo de almejas embotellado

2 tazas (500 ml/16 fl oz) de vino blanco seco

1 lata de 875 g (28 oz) de jitomates en trozos, con su jugo

1 pizca de hilos de azafrán

Pimienta negra molida

1 kg (2 lb) de pescado blanco como el halibut o rape, cortado en piezas de 4 cm (1½ in)

Cebollín fresco finamente picado, para adornar

En un tazón pequeño, ponga la mayonesa, el puré de ajo, jugo de limón, pimienta de cayena, sal y pimienta blanca recién molida al gusto y mezcle. Pruebe y rectifique la sazón. Refrigere hasta el momento de usarlo.

En una olla grande y gruesa para hornear u horno holandés sobre fuego medio, caliente el aceite. Añada los poros, zanahoria e hinojo y saltee cerca de 5 minutos, hasta suavizar. Añada el ajo y saltee 1 minuto más. Agregue el caldo, vino, jitomates con su jugo, azafrán y sal y pimienta al gusto. Hierva lentamente. Reduzca a fuego medio-bajo, tape parcialmente y hierva cerca de 20 minutos, hasta que las verduras estén suaves. Pruebe y rectifique la sazón. Retire del fuego. Usando una batidora de inmersión o una licuadora, haga un puré grueso con la sopa dejando algo de textura.

Vuelva a colocar la olla sobre fuego medio. Añada las piezas de pescado y cocine de 6 a 8 minutos hasta que el pescado esté totalmente opaco. Pruebe y rectifique la sazón.

Usando un cucharón sirva el guisado en los tazones precalentados y ponga una cucharada del alioli sobre cada uno. Adorne con cebollín picado y sirva inmediatamente.

RINDE DE 4 A 6 PORCIONES

PURÉ DE AJO ASADO
Cuando el ajo se asa pierde su sabor áspero y se convierte en una delicada dulzura silvestre. Precaliente el horno a 200°C (425°F). Usando un pequeño cuchillo filoso, corte la punta de cada cabeza de ajo, dejando los dientes expuestos. Coloque las cabezas de ajo en un refractario pequeño, rocíe con aceite de oliva y espolvoree con sal. Cubra el refractario herméticamente con papel de aluminio y ase cerca de 45 minutos, hasta que el ajo se sienta muy suave al picarlo con un cuchillo. Retire del horno y deje enfriar brevemente. Exprima los dientes de ajo ya suavizados para que salgan de su piel y presiónelos con un tenedor o muela en un procesador de alimentos para hacer un puré suave.

17

BOEUF BOURGUIGNON

Precaliente el horno a 180ºC (350ºF). En una sartén sobre fuego medio-alto, saltee el tocino cerca de 3 minutos, hasta dorar pero sin que quede crujiente. Escurra sobre toallas de papel.

Seque los trozos de carne con una toalla de papel y sazone con sal y pimienta. Caliente el aceite en una olla grande y gruesa para hornear u horno holandés sobre fuego medio-alto. Trabajando en tandas para evitar que se llene demasiado, añada la carne y dore por todos lados, 4 ó 5 minutos por cada tanda. Pase la carne ya dorada a un tazón y reserve.

Añada las cebollas y zanahorias picadas a la olla y saltee a fuego medio-alto cerca de 4 minutos, hasta que las cebollas estén ligeramente doradas. Reduzca la temperatura, espolvoree con la harina y cocine 1 ó 2 minutos, moviendo, hasta incorporar la harina. Vuelva a colocar el tocino y la carne con su jugo en la olla.

Retire del fuego, añada el Cognac, y flamee (página 21). Vuelva a colocar sobre fuego medio-bajo y añada el vino, caldo, pasta o puré de jitomate, ajo, hoja de laurel, sal y pimienta al gusto. Hierva lentamente. Pase al horno y selle, tapado, cerca de 2 horas, hasta que la carne se sienta suave con un tenedor y el guisado tenga la consistencia de una crema espesa. Deseche la hoja de laurel.

Mientras tanto, en una sartén sobre fuego medio-alto, derrita 2 cucharadas de la mantequilla. Agregue los champiñones y saltee cerca de 5 minutos, hasta dorar. Pase a un tazón. Derrita la cucharada de mantequilla restante, añada las cebollas y cocine cerca de 5 minutos, moviendo hasta que estén ligeramente doradas. Añada ½ taza (125 ml/4 fl oz) de agua, tape y cocine las cebollas de 3 a 5 minutos, hasta suavizar. Pase a un tazón con los champiñones.

Cuando el guisado esté listo para servir, integre los champiñones, cebollas y 1 cucharada del perejil. Sazone con sal y pimienta. Pase a un platón de servir y adorne con las 2 cucharadas restantes de perejil. Sirva de inmediato.

RINDE 6 PORCIONES

CEBOLLAS PERLA O CEBOLLITAS DE CAMBRAY

Son más dulces y tienen un sabor menos fuerte que las cebollas de tamaño normal. Las cebollas perla o cebollitas de cambray miden menos de 2.5 cm (1 in) en diámetro y tienen una piel apapelada. Ya que pueden conservar su color y su forma cuando se cocinan, son un atractivo visual que contrasta con un guisado o estofado de color café oscuro. Para retirar la piel de las cebollas, corte el lado de la raíz y blanquee las cebollas en una olla con agua hirviendo durante 4 minutos. Escurra y pase rápidamente a un tazón de agua fría para detener el cocimiento. Escurra una vez más y retire la piel suelta; ésta se desprenderá fácilmente.

6 tiras de tocino, cortadas en piezas de 12 mm (½ in)

1.5 kg (3 lb) de trozo de carne de res, cortado en cubos de 4.5 cm (1½ in)

Sal y pimienta molida

2 cucharadas de aceite de oliva

2 cebollas amarillas o blancas, finamente picadas

2 zanahorias, sin piel y finamente picadas

3 cucharadas de harina de trigo (simple)

¼ taza (60 ml/2 fl oz) de Cognac o brandy

3 tazas (750ml/24 fl oz) de vino tinto seco con mucho cuerpo

1½ taza (375 ml/12 fl oz) de caldo de carne (página 112)

1 cucharada de pasta o puré de jitomate

4 dientes de ajo, finamente picados

1 hoja de laurel

3 cucharadas de mantequilla

500 g (1 lb) de champiñones, en cuarterones

220 g (7 oz) de cebollas perla o cebollitas de cambray frescas, blanqueadas y sin piel (vea explicación a la izquierda) o cebollas perla congeladas, descongeladas

3 cucharadas de perejil liso (italiano) fresco, finamente picado

COQ AU VIN

6 tiras gruesas de tocino, cortadas en piezas de 2.5 cm (1 in)

1.750 kg (3½ lb) de piezas de pollo ya sea mitades de pechuga, muslos o piernas

¼ taza (45 g/1½ oz) de harina de trigo (simple)

Sal y pimienta recién molida

3 cucharadas de aceite de oliva

¼ taza (60ml/2 fl oz) de Cognac o brandy

2 tazas (500 ml/16 fl oz) de vino tinto seco con mucho cuerpo

1 cucharada de pasta o puré de jitomate

3 dientes de ajo, finamente picados

250 g (½ lb) de champiñones, cepillados y en cuarterones

315 g (10 oz) de cebollas perla o cebollitas de cambray, blanqueadas y sin piel (página 18) o cebollas perla precocidas, congeladas, descongeladas

2 cucharadas de perejil liso (italiano) fresco, finamente picado

En una olla grande y gruesa para hornear u horno holandés sobre fuego medio-alto, saltee el tocino de 4 a 5 minutos, hasta que quede crujiente. Escurra sobre toallas de papel. Reserve una cucharada de la grasa en la olla y deseche el resto.

Seque el pollo con toallas de papel. Ponga la harina en un tazón grande o en una bolsa de plástico con cierre hermético y sazone son sal y pimienta al gusto. Añada el pollo en tandas y revuelva o sacuda para cubrir completamente con la harina sazonada.

Añada 2 cucharadas de aceite de oliva a la olla con la grasa del tocino y caliente sobre fuego medio-alto. Trabajando en tandas para evitar que se llene demasiado, añada el pollo y dore por todos lados de 5 a 7 minutos por tanda. Pase cada tanda ya dorada a un tazón y reserve.

Regrese todo el pollo y los jugos que se han acumulado a la olla. Retire del fuego, añada el Cognac y flamee (vea explicación a la derecha). Vuelva a poner sobre fuego medio e integre el vino, la pasta o puré de jitomate y el ajo. Deje estofar, tapado, cerca de 50 minutos, hasta que el pollo esté totalmente cocido y el jugo salga claro al picar un muslo con un tenedor. Usando unas pinzas voltee el pollo una vez después de 25 minutos.

Mientras tanto, en una sartén sobre fuego medio, caliente la cucharada restante de aceite de oliva. Añada los champiñones y saltee de 3 a 5 minutos, hasta suavizar. Eleve la temperatura a media-alta y añada las cebollas. Cocine, de 3 a 5 minutos más, moviendo, hasta que las cebollas estén ligeramente glaseadas y bien calientes. Sazone con sal y pimienta al gusto.

Cuando el pollo esté listo y la salsa esté ligeramente espesa, añada el tocino reservado, la mezcla de champiñones y el perejil, moviendo para integrar. Pruebe y rectifique la sazón. Pase a un platón de servir y sirva inmediatamente.

RINDE DE 4 A 6 PORCIONES

FLAMEANDO

Flamear, que consiste en verter un licor sobre un platillo y prenderle fuego, es un paso esencial en muchos platillos franceses. Para flamear con precaución, retire la olla del fuego antes de añadir el licor. Vuelva a colocar la olla brevemente al fuego para calentar el licor y retire una vez más. Retire los objetos que puedan quemarse y use un cerillo de cocina largo. Una vez encendido, sujételo justamente sobre el licor en la olla (se encenderán los vapores). La flama debe encenderse durante 30 segundos. Tenga la tapa de la olla a la mano para cubrirla en caso de que las flamas no se apaguen en un minuto.

GUMBO

En una olla grande y gruesa para sopa sobre fuego medio, caliente 2 cucharadas del aceite. Añada la okra y saltee de 12 a 15 minutos, moviendo ocasionalmente, hasta que se dore y suavice. Usando una cuchara ranurada, pase a un tazón y reserve.

Añada 2 cucharadas más del aceite y caliente sobre fuego medio-alto. Agregue el pollo y saltee de 3 a 5 minutos, hasta que esté ligeramente dorado por todos lados. Usando una cuchara ranurada, pase a otro tazón y reserve.

Añada las 6 cucharadas restantes (90 ml/3 fl oz) del aceite y caliente 2 minutos. Agregue la harina e integre mezclando hasta incorporar totalmente para hacer un roux (página 109). Cocine el roux, moviendo constantemente con una cuchara de madera, cerca de 4 minutos, hasta dorar. Reduzca el fuego a medio, añada las cebollas y los pimientos y cocine de 8 a 10 minutos, moviendo ocasionalmente, hasta suavizar. Añada el ajo y cocine 1 minuto más.

Añada la okra ya cocida, los jitomates y su jugo, caldo, hojas de laurel, sazonador Cajún y sal y pimienta al gusto. Hierva, cerca de 20 minutos reduciendo la temperatura hasta que espese ligeramente. Añada el pollo dorado y cocine cerca de 10 minutos más, hasta que esté completamente cocido.

Agregue la salchicha y los camarones y cocine cerca de 3 minutos, hasta que la salchicha esté caliente y los camarones estén de color rosado. Añada el polvo filé y cocine 1 minuto más para que se integren los sabores. Deseche las hojas de laurel. Pruebe y rectifique la sazón y sirva de inmediato en tazones precalentados.

Para Sevir: Sirva el gumbo sobre una cama de arroz blanco caliente, adornado con perejil. Acompañe con una salsa de chile picante a la mesa.

RINDE 6 PORCIONES

POLVO FILÉ

También conocido como Gumbo Filé, este polvo de color verde olivo está hecho de hojas secas y pulverizadas de la planta de sasafrás que es muy codiciada por los Cajunes de Louisiana por su habilidad para espesar. Su nombre proviene del verbo francés filer que quiere decir "hilar" y, haciendo honor a su nombre, puede hacerse hilachos si se cocina durante más tiempo. Añada unos minutos antes de servir. Se puede encontrar en el pasillo de especias de un supermercado bien surtido, o en un mercado de especialidades que tenga productos alimenticios del Sur de Estados Unidos.

10 cucharadas (160 ml/5 fl oz) de aceite de canola o vegetal

250 g (½ lb) de okra o angú, sin puntas y cortada transversalmente en rebanadas de 12 mm (½ in)

1 kg (2 lb) de muslos de pollo sin piel y deshuesados, cortados en piezas de 5 cm (2 in)

6 cucharadas (60 g/2 oz) de harina de trigo (simple)

1 cebolla amarilla o blanca grande, picada

1 pimiento rojo y la misma cantidad de pimiento verde (capsicum), sin semillas y cortados en cubos

3 dientes de ajo, finamente picados

1 lata (455 g/14½ oz) de jitomates en trozos, con su jugo

5 tazas (1.25 l/40 fl oz) de caldo de pollo (página 112)

2 hojas de laurel

2½ ó 3 cucharadas de mezcla de sazonadores al estilo Cajún (página 114)

Sal y pimienta recién molida

250 g (½ lb) de salchicha andouille o salchichón en rebanadas gruesas

500 g (1 lb) de camarones grandes crudos, sin piel y desvenados (página 53)

1 cucharadita de polvo filé (vea explicación a la izquierda)

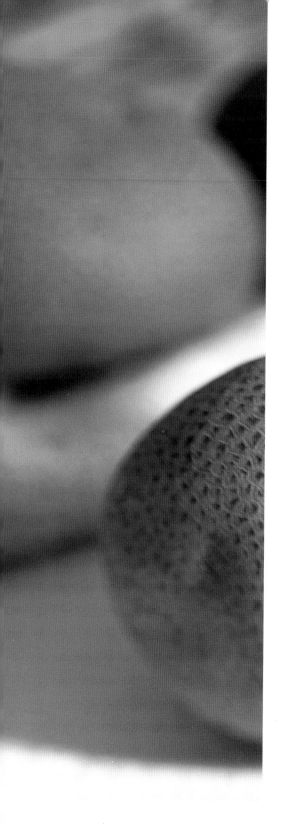

SOPAS SENCILLAS

Nada es más delicioso que una rápida y sencilla sopa. Nos alimenta todos los sentidos, desde la delicia visual de una sopa de espárragos color verde vivo, hasta la fragancia de las verduras recién cocidas en una chowder de elote estilo mexicano. Acompañadas de una ensalada y pan crujiente, estas recetas son ideales para disfrutarse algún día de la semana o como una comida rápida para cualquier hora del día.

CREMA DE ESPÁRRAGOS

En una olla para sopa sobre fuego medio, derrita la mantequilla con el aceite de oliva. Añada los poros y saltee cerca de 5 minutos, hasta suavizar. Añada los trozos de los espárragos y papa y saltee cerca de 3 minutos más, hasta que estén cubiertos y empiecen a suavizarse. Agregue el caldo y sazone con sal y pimienta al gusto. Hierva sobre fuego medio-alto. Reduzca la temperatura, tape parcialmente y cocine cerca de 15 minutos, hasta que las verduras estén muy suaves.

Mientras se está cocinando la sopa, hierva agua en una pequeña olla. Añada el jugo de limón y las puntas de los espárragos reservadas y hierva cerca de 3 minutos, hasta que estén suaves pero firmes y retengan su color verde vivo. Escurra y reserve.

Cuando las verduras estén suaves, retire la sopa del fuego. Usando una batidora de inmersión o una licuadora, haga un puré con la sopa hasta suavizar. Pruebe y rectifique la sazón.

Usando un cucharón, pase la sopa a los tazones precalentados y adorne con una cucharada de crème fraîche, algunas puntas de espárragos y cebollín. Sirva de inmediato.

Nota: También puede hacer esta sopa básica con otras verduras como zanahorias o brócoli.

RINDE DE 4 A 6 PORCIONES

PELANDO ESPÁRRAGOS

A no ser que haya comprado espárragos delgados en la primavera, necesitará recortar los extremos fibrosos del tallo y retirarles la piel antes de cocinarlos.

Para encontrar el punto donde el espárrago se vuelve suave, doble cuidadosamente el tallo cerca de 5 cm (2 in) de la parte inferior. El tallo deberá tronar naturalmente, justo en el punto donde se encuentran las partes suaves y duras. Usando un pelador de verduras, retire la delgada capa exterior de la piel, empezando en donde termina la punta y yendo hacia la parte inferior del tallo.

1 cucharada de mantequilla sin sal

2 cucharadas de aceite de oliva

2 poros, únicamente las partes blancas y verde pálido, limpios (página 13) y finamente picados

500 g (1 lb) de espárragos, sin piel (vea explicación a la izquierda) y cortados en piezas de 5 cm (2 in), reservando las puntas

1 papa roja russet, sin piel y cortada en trozos de 5 cm (2 in)

4 tazas (1 l/32 fl oz) de caldo de pollo (página 112) o de consomé preparado

Sal y pimienta blanca recién molida

Jugo de ½ limón

3 cucharadas de crème fraîche (página 103)

1 cucharada de cebollín fresco, finamente picado

SOPA DE QUESO CON CERVEZA

½ taza (125 g/4 oz) de mantequilla sin sal

1 poro, únicamente las partes blancas y verde pálido, limpio (página 13) y finamente rebanado

1 zanahoria sin piel y cortada en cubos de 12 mm (½ in)

1 tallo de apio, cortado en cubos de 12 mm (½ in)

Sal y pimienta recién molida

½ taza (75 g/2½ oz) de harina de trigo (simple)

½ cucharadita de mostaza seca

4 tazas (1 l/32 oz) de caldo de pollo (página 112) o de consomé preparado

1 botella (375 ml/12 oz) de cerveza ale de buena calidad como Bass o Newcastle, vertida en un tazón

2 tazas (250 g/8 oz) de queso Cheddar o amarillo rallado (vea Nota)

¼ taza (30 g/1 oz) de queso Parmesano recién rallado

1 pizca de pimienta de cayena

1 cucharadita de salsa inglesa

2 cucharadas de perejil liso (italiano) fresco, finamente picado

En una olla grande sobre fuego medio, derrita la mantequilla. Añada el poro, zanahoria y apio y saltee cerca de 10 minutos, hasta suavizar. Sazone con sal y pimienta.

Integre la harina y la mostaza hasta incorporar y cocine aproximadamente 1 minuto. Agregue el caldo y la cerveza (ale) y hierva sobre fuego alto. Reduzca el fuego a medio y cocine cerca de 5 minutos, batiendo para desbaratar cualquier grumo de harina, hasta que la mezcla esté ligeramente espesa. Añada los quesos y bata constantemente de 3 a 5 minutos más, hasta que se derritan. No deje hervir. Integre la pimienta de cayena y la salsa inglesa. Pruebe y rectifique la sazón.

Usando un cucharón, sirva la sopa en los tazones precalentados, adorne con el perejil y sirva inmediatamente. Puede adornar con más queso o pan tostado con ajo (página 113).

Nota: Esta sabrosa sopa se creó con la inspiración del Welsh Rabbit (un clásico platillo de salsa de queso fuerte derretido sobre un pan tostado). Puede probar diferentes tipos de queso Cheddar de Estados Unidos, Canadá o Irlanda para hacer esta receta. Tenga en cuenta, que no debe hervir la sopa después de añadir el queso, o la sopa puede adquirir una textura correosa.

RINDE DE 4 A 6 PORCIONES

CERVEZA ALE

La cerveza Ale es la bebida por excelencia en los bares (pubs) de la Gran Bretaña. Comparada con las cervezas americanas ligeras, la cerveza ale tiene más cuerpo y un sabor más firme debido a que se fermenta a temperaturas más cálidas. Las cervezas Ale tienen un contenido más alto de alcohol, generalmente entre 5 y 8% por volumen, mientras que la cerveza normal tiene un 4%.

CHOWDER DE ELOTE ESTILO MEXICANO

En una olla para sopa sobre fuego medio, derrita la mantequilla con el aceite de oliva. Añada la cebolla y saltee cerca de 5 minutos, hasta suavizar. Agregue el pimiento y saltee cerca de 3 minutos más, hasta que esté ligeramente suave. Añada 2¼ taza (425 g/13½ oz) de los granos de elote y cocine cerca de 3 minutos. Añada el caldo y los jalapeños al gusto y hierva. Reduzca la temperatura y hierva, parcialmente tapado, cerca de 20 minutos, hasta que las verduras estén muy suaves.

Mientras tanto, en una olla pequeña hierva agua. Añada ¼ taza (45 g/1½ oz) de los granos de elote y hierva cerca de 2 minutos, hasta que estén suaves pero firmes. Escurra y reserve.

Cuando las verduras estén suaves, retire del fuego. Usando una batidora de inmersión o una licuadora, haga un puré grueso con la sopa, asegurándose de dejar algo de textura. Añada la crema y sal y pimienta blanca al gusto y recaliente suavemente sobre fuego bajo. Pruebe y rectifique la sazón.

Con un cucharón sirva la sopa en los tazones precalentados, adorne con los granos de elote escalfados y sirva de inmediato.

RINDE 6 PORCIONES

RETIRANDO LOS GRANOS DE ELOTE DE LA MAZORCA

El elote fresco de temporada tiene un sabor dulce y cremoso que no puede compararse con el elote enlatado o congelado. Para retirar los granos de elote de la mazorca, primero corte la base de la mazorca. Pare la mazorca sobre su base dentro de un tazón poco profundo. Usando un cuchillo filoso, rebane cortando la parte suave de los granos y dejando la parte dura adherida a la mazorca. Gire la mazorca después de cada corte hasta que haya retirado todos los granos. Pase el mango del cuchillo sobre la mazorca vacía para escurrir la "leche" dulce del elote.

2 cucharadas de mantequilla sin sal

3 cucharadas de aceite de oliva

1 cebolla amarilla o blanca grande, picada grueso

1 pimiento rojo grande (capsicum), sin semillas y picado grueso

2½ tazas (470 g/15 oz) de granos de elote, aproximadamente de 5 mazorcas de maíz (vea explicación a la izquierda)

6 tazas (1.5 l/48 fl oz) de caldo de pollo (página 112) o de consomé preparado

1 ó 2 chiles jalapeños, sin semillas (página 65), finamente picados

½ taza (125 ml/4 fl oz) de crema espesa (doble)

Sal y pimienta blanca recién molida

2 cucharadas de cilantro fresco picado

STRACCIATELLA DE POLLO Y VERDURAS

5 tazas (1.25 l/40 fl oz) de caldo de pollo (página 112) o consomé preparado

3 dientes de ajo, finamente rebanados

1 zanahoria pequeña, sin piel y cortada en juliana (vea explicación a la derecha)

1 tallo de apio pequeño, cortado en juliana (vea explicación a la derecha)

2 cucharadas de queso Parmesano recién rallado

4 cucharadas (10 g/⅓ oz) de perejil liso (italiano) fresco, finamente picado

500 g (1 lb) de pechugas de pollo, sin piel y deshuesadas, cortadas en rebanadas de 12 mm (½ in) de grueso

250 g (½ lb) de hojas de espinacas, cortadas en tiras muy delgadas

2 huevos ligeramente batidos

Sal y pimienta recién molida

En una olla, mezcle el caldo y el ajo y hierva sobre fuego medio-alto. Añada la zanahoria y el apio, tape y cocine cerca de 4 minutos, hasta que las verduras estén suaves.

Añada el queso, 2 cucharadas del perejil, el pollo y la espinaca. Vuelva a hervir y cocine cerca de 2 minutos, hasta que el pollo esté cocido, la espinaca esté marchita pero todavía de color verde vivo y el queso se derrita. Retire del fuego.

Vierta los huevos en la sopa. Mezcle hacia adelante y hacia atrás con un tenedor hasta que aparezcan los hilos blancos del huevo cocido. Sazone con sal y pimienta al gusto. Sirva con un cucharón en tazones precalentados y adorne con las 2 cucharadas restantes de perejil. Sirva de inmediato.

Nota: Stracciatella quiere decir "hilacho" y eso es lo que los huevos parecen una vez que se añaden a la sopa. Sencilla y económica, ésta es la versión italiana de la sopa de huevo.

Advertencia: Este platillo contiene huevos que pueden estar parcialmente cocidos. Para más información, vea la página 114.

RINDE 4 PORCIONES

JULIANA

Cortar una verdura en juliana quiere decir cortarla en tiras delgadas y angostas del mismo tamaño. Cortadas de esta manera, las verduras que son duras como las zanahorias y el apio, se cocinan rápido y uniformemente y su apariencia ordenada añade una presentación profesional al platillo. Para cortar las zanahorias y los tallos de apio en juliana, use un cuchillo filoso del chef o una mandolina. Primero corte los lados redondeados dejando las verduras como barras cuadradas. Corte transversalmente en piezas de 5 cm (2 in), y corte cada pieza a lo largo en rebanadas de 3 mm (⅛ in) de grueso. Apile las rebanadas y corte a lo largo en tiras delgadas.

PURÉ DE CALABAZA Y PORO

En una olla para sopa sobre fuego medio, caliente el aceite de oliva. Añada los poros y saltee cerca de 5 minutos, hasta suavizar. Agregue la calabaza y saltee cerca de 5 minutos más, hasta que esté ligeramente dorada. Añada el ajo y cocine 1 minuto más.

Agregue el caldo y cocine cerca de 15 minutos, parcialmente tapado, hasta que la calabaza esté muy suave. Retire del fuego. Usando una batidora de inmersión o una licuadora, haga un puré con la sopa hasta que quede suave. Integre la albahaca, 2 cucharadas de cebollín, leche y el jugo de limón. Sazone con sal y pimienta al gusto. Recaliente suavemente sobre fuego medio-bajo.

Pase la sopa con un cucharón a los tazones precalentados y adorne con cebollín. Sirva inmediatamente.

RINDE DE 4 A 6 PORCIONES

CALABAZA DE VERANO

Las calabazas de verano son de la misma familia que las calabazas de invierno y las calabazas tipo bellota, pero son de clima cálido y tienen una piel más delgada. Las calabacitas (courgettes) verde oscuro y las calabazas de verano (crookneck) amarillas son los dos tipos más comunes. Sin embargo, en los mercados se puede encontrar una variedad muy amplia, incluyendo las redondas, las verdes de orilla de festón o las blancas pattypans; las amarillas redondas sunburst y las verdes del tamaño de una pelota de tenis llamadas Ronde de Nice. Busque calabazas firmes que no midan más de 20 cm (8 in) de largo; las más largas tienden a tener semillas grandes y carne acuosa y amarga.

3 cucharadas de aceite de oliva

2 poros, únicamente las partes blancas y verde pálido, limpios (página 13) y finamente picados

6 calabazas amarillas (crookneck squash), 750 g (1½ lb) de peso total, finamente rebanadas

2 dientes de ajo, finamente picados

4 tazas (1 l/32 fl oz.) de caldo de pollo (página 112) o de consomé preparado

3 cucharadas de albahaca fresca, finamente picada

2 cucharadas de cebollín fresco, finamente picado, más el necesario para adornar

1 taza (250 ml/8 fl oz) de leche

2 cucharaditas de jugo de limón fresco

Sal y pimienta recién molida

PURÉ DE RAÍZ DE APIO Y PAPA

3 cucharadas de
mantequilla sin sal

2 poros, únicamente las
partes blancas y verde
pálido, limpios (página 13)
y picados grueso

1 raíz de apio (celeriac), sin
piel y cortada en cubos de
2.5 cm (1 in)

2 papas rojas russet, sin
piel y picadas grueso

6 tazas (1.5 l/48 fl oz) de
caldo de pollo o verduras
(página 112) o consomé
preparado

Sal y pimienta blanca
recién molida

1 cucharada de aceite
blanco de trufa

Perejil liso (italiano) fresco,
finamente picado, para
adornar (opcional)

En una olla para sopa sobre fuego medio, derrita la mantequilla. Añada los poros y saltee de 4 a 5 minutos, hasta suavizar. Agregue la raíz de apio y las papas; saltee cerca de 5 minutos, hasta que estén ligeramente suaves.

Añada el caldo y hierva lentamente. Tape parcialmente y cocine cerca de 20 minutos, hasta que las verduras estén muy suaves. Retire del fuego. Usando una batidora de inmersión o una licuadora, haga un puré con la sopa hasta que quede suave. Sazone con sal y pimienta blanca al gusto. Recaliente suavemente sobre fuego medio-bajo.

Pase la sopa con un cucharón a los tazones precalentados, rocíe con el aceite de trufa y adorne con el perejil, si lo desea. Sirva inmediatamente.

RINDE 6 PORCIONES

RAÍZ DE APIO

La raíz de apio (celeriac) grande y nudosa, puede tener una apariencia extraña, pero debajo de su gruesa piel hay una verdura versátil con un sabor suave a apio. Para preparar la raíz de apio, corte la parte inferior y los tallos que hayan quedado en la parte superior. Limpie con un cepillo bajo el chorro del agua fría. Usando un pequeño cuchillo filoso o un pelador de verduras, retire la piel de color café, incluyendo cualquier marca profunda o tierra incrustada; parta como lo indique la receta. Si no la va a usar inmediatamente, coloque las piezas en un tazón de agua fría con 1 ó 2 cucharaditas de jugo de limón para evitar que se manche.

SOPA DE CAMARONES Y CHÍCHAROS CHINOS

Ponga los fideos en un tazón con agua caliente hasta cubrir y deje remojar cerca de 15 minutos, hasta que queden muy flexibles. Escurra y reserve.s

En una olla para sopa mezcle el caldo, jengibre, la mitad de las cebollitas de cambray en rebanadas, mirin, aceite de ajonjolí y salsa de soya. Hierva sobre fuego alto. Añada los camarones, fideos escurridos, chícharos chinos y hongos; cocine cerca de 2 minutos, hasta que los camarones estén ligeramente opacos por todas partes y los hongos estén calientes. Añada la mezcla de fécula de maíz y cocine hasta que esté ligeramente espesa, cerca de 1 minuto más. Sazone con sal y pimienta al gusto.

Sirva la sopa con un cucharón en los tazones precalentados y adorne con las cebollitas de cambray restantes en rebanadas.

RINDE DE 4 A 6 PORCIONES

HONGOS ENOKI

Estos hongos blancos japoneses todavía crecen de manera silvestre, pero las especies cultivadas ya se pueden encontrar fácilmente. Crecen en manojos con tallos largos y delgados y tienen unas pequeñas copas redondas. Tienen una apariencia sorprendente y un delicado sabor. Búsquelos en los mercados asiáticos ya sea frescos, enlatados o empacados en agua en recipientes de plástico.

105 g (3½ oz) de fideos orientales (cellophane noodles) (página 114)

6 tazas (1.5 l/48 fl oz) de caldo de pollo (página 112) o consomé preparado

2 cucharaditas de jengibre fresco, sin piel y finamente picado

2 cucharadas de cebollitas de cambray, incluyendo las partes suaves de color verde, finamente rebanadas

2 cucharadas de mirin o algún otro vino de arroz

1 cucharadita de aceite de ajonjolí oscuro

2 cucharaditas de salsa de soya

500 g (1 lb) de camarones grandes, sin piel y limpios (página 53)

125 g (¼ lb) de chícharos chinos (mangetouts), sin puntas y cortados a la mitad transversalmente

125 g (¼ lb) de hongos enoki (vea explicación a la izquierda), cepillados y con los tallos recortados

2 cucharaditas de fécula de maíz (maicena) mezclada con 2 cucharadas de agua

Sal y pimienta recién molida

SOPAS COMO PRIMER PLATO

En este capítulo encontrará una amplia variedad de sopas para empezar sus comidas, desde la sopa wonton para un menú inspirado en Asia, hasta la picosa sopa de tortilla para empezar una cena festiva. En este capítulo también se toman en cuenta las estaciones del año presentando la vichyssoise fría y la sopa fresca de chícharo con menta para el verano así como una bisque de calabaza y manzanas para empezar una comida de invierno.

VICHYSSOISE CON BERROS

En una olla para sopa sobre fuego medio, caliente el aceite de oliva. Añada los poros y saltee cerca de 4 minutos, hasta suavizar. Agregue las papas y saltee cerca de 5 minutos más, hasta suavizar. Añada los berros y saltee cerca de 3 minutos, hasta que se marchiten pero aún retengan su color verde brillante. Añada el caldo y hierva a fuego lento. Tape parcialmente y cocine cerca de 15 minutos, hasta que las verduras estén muy suaves.

Retire del fuego. Usando una batidora de inmersión o una licuadora, haga un puré con la sopa hasta suavizar. Pase a un tazón y sazone con sal y pimienta al gusto. Integre la crema y el jugo de limón. Tape y refrigere hasta que esté bien fría, por lo menos durante 4 horas o por toda la noche. (La puede recalentar y servir caliente, pero esta sopa tradicionalmente se sirve fría).

Ponga la ralladura de limón y cebollín en un tazón pequeño. Mezcle hasta integrar. Sirva la sopa con un cucharón en los tazones fríos y adorne con la mezcla de la ralladura.

RINDE DE 6 A 8 PORCIONES

PIMIENTA BLANCA

Los granos de pimienta blanca o negra vienen de la misma vaina tropical de pimienta. Los granos de pimienta negra se cosechan ligeramente antes de madurar y se secan con su piel, mientras que los granos de pimienta blanca se dejan madurar completamente, luego se hierven y se retiran sus vainas oscuras. La mayoría del picor de la pimienta se concentra en la vaina por lo que la pimienta blanca tiene un sabor más suave que la negra. Debido a su color pálido, la pimienta blanca se usa principalmente para sazonar los platillos de color claro como esta sopa.

3 cucharadas de aceite de oliva

4 poros, únicamente las partes blancas y verde pálido, limpios (página 13), picados grueso

750 g (1½ lb) de papas blancas o rojas, sin piel y picadas grueso

1 manojo de berros, las hojas

8 tazas (2 l/64 fl oz) de caldo de pollo (página 112) o de consomé preparado

Sal y pimienta blanca recién molida

1 taza (250 ml/8 fl oz) de crema espesa (doble)

1 cucharada de jugo de limón fresco

Ralladura de 1 limón

1 cucharada de cebollín fresco, finamente picado

BORSCHT FRÍO DE BETABEL CON CREMA DE ENELDO

8 betabeles, cerca de 1 kg
(2 lb) de peso total,
cepillados y cortados (vea
explicación a la derecha)

1 cebolla amarilla o blanca,
en cuarterones

8 tazas (2 l/64 fl oz) de
caldo de pollo (página 112)
o de consomé preparado

1 cucharada de azúcar

2 pepinos, sin piel ni
semillas (página 110) y
cortados en juliana

4 cucharadas (10 g/⅓ oz)
de eneldo fresco,
finamente picado

2 cucharadas de jugo de
limón fresco

2 cucharadas de vinagre
de vino de arroz sin
sazonar

Sal y pimienta negra recién
molida

1 taza (250 g/8 oz) de
crema ácida

Pimienta blanca recién
molida

En una olla grande para sopa que no sea de aluminio, mezcle los betabeles, los cuarterones de cebolla, caldo, azúcar y 1 taza (250 ml/8 fl oz) de agua. Tape y hierva sobre fuego medio-alto. Reduzca la temperatura y hierva lentamente, aún tapado, de 30 a 35 minutos, hasta que los betabeles se sientan suaves al picarlos con la punta de un cuchillo.

Con una cuchara ranurada, pase los betabeles a un tazón y deje enfriar. Reserve el líquido en que se cocinaron. Cuando estén lo suficientemente fríos para poder tocarlos, retire la piel bajo el chorro del agua fría. Corte los betabeles a la mitad transversalmente. Reserve 6 mitades. Corte los betabeles restantes en juliana (página 33). Tape y refrigere hasta que estén listos para usarse.

Cuele el líquido reservado en que se cocinaron a través de un colador de malla fina sobre un tazón grande. Deseche las cebollas. En una licuadora o procesador de alimentos, mezcle las mitades de betabeles reservadas con 1 taza (250 ml/8 fl oz) del líquido de cocimiento y pulse hasta obtener un puré suave. Agregue al tazón con el líquido restante. Tape y refrigere cerca de 4 horas, hasta que esté bien frío, o de preferencia durante toda la noche.

Cuando vaya a servir, añada a la sopa los betabeles y los pepinos en juliana, 2 cucharadas del eneldo, jugo de limón, vinagre y sal y pimienta negra al gusto. Mezcle hasta incorporar. Pruebe y rectifique la sazón.

En un tazón pequeño, integre la crema, las 2 cucharadas restantes del eneldo, sal y pimienta blanca al gusto, y mezcle.

Sirva la sopa en los tazones fríos y adorne con la crema de eneldo.

RINDE 8 PORCIONES

PREPARANDO BETABELES

El intenso color magenta de los betabeles es hermoso en la mesa pero hay que tener mucho cuidado en la cocina ya que puede pintar todo, desde las uñas hasta las tablas de picar. Para preparar los betabeles, cepíllelos bien y corte los tallos a 12 mm (½ in), dejando la piel y la cola de la raíz intactas (para que los sabrosos jugos no se salgan durante el cocimiento). Si lo desea, puede usar guantes de cocina y cubrir la tabla de picar con plástico adherente para evitar que se manche.

SOPA PRIMAVERAL DE CHÍCHARO
CON MENTA FRESCA

En una olla grande sobre fuego medio, caliente el aceite de oliva. Añada las partes blancas picadas de las cebollitas y la zanahoria y saltee de 3 a 5 minutos, hasta suavizar. Agregue la lechuga y saltee cerca de 5 minutos más, hasta que se marchite.

Añada 3 cucharadas de la menta o hierbabuena, el caldo y los chícharos sin vaina, si los usa. Hierva a fuego lento, tape y cocine cerca de 20 minutos, hasta que las verduras estén suaves. Si usa chícharos precocidos, añádalos durante los últimos 5 minutos.

Retire del fuego. Usando una batidora de inmersión o una licuadora, haga un puré con la sopa hasta que esté suave. Añada la crema, el jugo de limón y sal y pimienta blanca al gusto. Recaliente suavemente sobre fuego medio-bajo durante 5 minutos. Pruebe y rectifique la sazón.

Sirva la sopa usando un cucharón en los tazones precalentados y adorne con 1 cucharada de crema ácida, un poco de la menta o hierbabuena restante y las partes verdes de la cebolla picada.

Nota: Esta versátil sopa sabe igual de sabrosa caliente o fría. Si la va a servir fría refrigere por lo menos 4 horas o durante toda la noche.

RINDE DE 4 A 6 PORCIONES

CHÍCHAROS FRESCOS

Los chícharos verdes son los chícharos de la primavera y el inicio del verano, y se deben desenvainar antes de cocinarlos. Si es posible, trate de probar un chícharo antes de comprarlo; debe tener un sabor dulce en vez de un sabor almidonado o calizo. La temporada de los chícharos frescos es corta, pero los chícharos precocidos congelados, en particular los petits pois, generalmente con la etiqueta chícharos "petite" o "miniatura", son una buena alternativa ya que conservan su sabor mucho mejor que la mayoría de las verduras congeladas.

2 cucharadas de aceite de oliva

6 cebollitas de cambray, únicamente las partes blancas, finamente picadas, más las partes verdes finamente picadas para adornar

1 zanahoria grande, sin piel y en cubos finos

1 lechuga francesa (Boston) pequeña, sin corazón y cortada en tiras

4 cucharadas (10 g/⅓ oz) de menta o hierbabuena fresca picada

4 tazas (1 l/32 fl oz) de caldo de pollo (página 112) o consomé preparado

2 tazas (315 g/10 oz) de chícharos sin vaina (cerca de 1 kg/2 lb con vaina) o chícharos petits pois precocidos, congelados, descongelados (vea explicación a la izquierda)

¼ taza (60 ml/2 fl oz) de crema espesa (doble) o media crema

1 cucharada de jugo de limón fresco

Sal y pimienta blanca recién molida

4 ó 6 cucharadas (60 a 90 g/2-3 oz) de crema ácida

CREMA DE TOMATE CON PESTO

¼ taza (60 ml/2 fl oz) de aceite de oliva

1 cebolla amarilla o blanca, finamente picada

1 zanahoria, sin piel, finamente picada

1 tallo de apio, finamente picado

1 diente de ajo, finamente picado

¼ taza (45 g/1½ oz) de harina de trigo (simple)

6 jitomates, sin piel ni semillas (página 109) y picados grueso, o 1 lata (875 ml/28 oz) de jitomates en trozos con jugo

2 cucharadas de hojas frescas de laurel picadas

¼ taza (60 g/2 oz) de pasta o puré de jitomate

1 cucharadita de azúcar

3 tazas (750 ml/24 fl oz) de caldo de pollo o de verduras (página 112) o de consomé preparado

1 taza (250 ml/8 fl oz) de leche

Sal y pimienta blanca recién molida

4 ó 6 cucharadas (60 a 90 g/1-3 oz) de pesto de albahaca, hecho en casa (página 113) o comprado (opcional)

En una olla grande sobre fuego medio, caliente el aceite de oliva. Añada la cebolla y saltee cerca de 3 minutos, hasta que esté translúcida. Agregue la zanahoria y el apio y saltee cerca de 5 minutos más, hasta que las verduras estén suaves. Añada el ajo y saltee 1 minuto más.

Reduzca la temperatura. Espolvoree la harina sobre las verduras y cocine 1 ó 2 minutos, moviendo constantemente, hasta que la harina se incorpore por completo y la mezcla haya espesado.

Añada los jitomates, albahaca, pasta o puré de jitomate, azúcar y caldo y hierva lentamente sobre fuego medio-alto. Reduzca el fuego a medio y cocine tapado parcialmente. Mueva de vez en cuando aproximadamente durante 20 minutos, hasta que las verduras estén suaves y los sabores se hayan integrado. Retire del fuego. Usando una batidora de inmersión o una licuadora, haga un puré grueso con la sopa, dejando algo de textura. Integre la leche y recaliente suavemente sobre fuego medio-bajo. (No deje que la sopa hierva porque puede cortarse). Sazone con sal y pimienta blanca al gusto.

Sirva con un cucharón en los tazones precalentados y adorne cada uno con 1 cucharada de pesto en forma de remolino, si lo desea. Sirva de inmediato.

RINDE DE 4 A 6 PORCIONES

VARIEDADES DE JITOMATES

Aunque los jitomates heirloom, con su variedad de colores y formas pintorescas, se han convertido en algo común en la sección de jitomates de muchos mercados durante su temporada, los jitomates guaje tradicionales (Roma) con su carne densa, o los jitomates pequeños redondos como la variedad "Early Girl" siguen siento siendo los indicados para hacer salsas y sopas. Almacene los jitomates a temperatura ambiente, colocando el lado del tallo hacia abajo, hasta por 3 días.

BISQUE DE CALABAZA Y MANZANA

En una olla para sopa sobre fuego medio-alto, derrita la mantequilla. Saltee la cebolla y los chalotes cerca de 5 minutos, hasta suavizar. Añada las manzanas y las calabazas y cocine cerca de 3 minutos más, hasta que estén bien cubiertas. Agregue el caldo y el romero y hierva a fuego lento. Añada el tomillo. Reduzca el fuego a medio y hierva, cerca de 25 minutos, tapado, hasta que las verduras estén muy suaves.

Retire del fuego. Usando una batidora de inmersión o una licuadora, haga un puré con la sopa hasta que quede suave. Integre la crema y sazone con sal y pimienta. Recaliente suavemente sobre fuego medio-bajo.

Sirva en los tazones precalentados y adorne con crema ácida y hojas de romero y tomillo.

RINDE DE 6 A 8 PORCIONES

CALABAZA DE INVIERNO

Las calabazas de invierno de piel dura vienen en brillantes colores otoñales y formas caprichosas. Para esta sopa, puede sustituir la calabaza butternut por otra calabaza anaranjada de intenso sabor como la "Turban" o por alguna de las calabazas pequeñas ideales para cocinar como la "Sugar Pie" o la "Baby Bear".

Para retirar la piel y las semillas de las calabazas de invierno, use un cuchillo grande y filoso y corte a la mitad a lo largo. Con una cuchara saque los hilos y las semillas y deseche. Usando un pelador de verduras filoso o un cuchillo desmondador, retire la piel dura, junto con algunas de las manchas verdes que tiene debajo de la piel.

2 cucharadas de mantequilla sin sal

1 cebolla grande amarilla o blanca, finamente picada

2 chalotes, finamente picados

2 manzanas ácidas Granny Smith, sin piel, sin corazón y cortadas en trozos de 5 cm (2 in)

1 calabaza butternut de cerca de 1 kg (2 lb), sin piel ni semillas y cortada en trozos de 5 cm (2 in) (vea explicación a la izquierda)

6 tazas (1.5 l/48 fl oz) de caldo de pollo (página 112) o de consomé preparados

1 cucharadita de romero fresco, finamente picado, más algunas hojas enteras para adornar

2 cucharaditas de tomillo fresco, finamente picado, más algunas hojas enteras para adornar

½ taza (125 ml/4 fl oz) de media crema

Sal y pimienta recién molida

½ taza (125 ml/4 fl oz) de crema ácida

SOPA WONTON

PARA EL RELLENO:

125 g (¼ lb) de camarones sin piel, limpios (vea explicación a la derecha) y finamente picados

125 g (¼ lb) de carne de puerco o pavo, molida

3 latas de castañas de agua, finamente picadas

3 cebollitas de cambray, incluyendo las partes suaves de color verde, finamente picadas

1 diente de ajo, finamente picado

1 cucharadita de jengibre fresco, sin piel y finamente picado

1 cucharadita de salsa de soya

½ cucharadita de aceite de ajonjolí

Una pizca de azúcar

Sal y pimienta blanca recién molida

Aproximadamente 24 hojas wonton (vea Nota)

Fécula de maíz (maicena)

6 tazas (1.5 l/48 fl oz) de caldo de pollo (página 112) o de consomé preparado

½ cucharadita de aceite de ajonjolí

125 g (¼ lb) de espinacas pequeñas

2 cebollitas de cambray, incluyendo las partes suaves de color verde, rebanadas

Para hacer el relleno, en un tazón mezcle los camarones, carne de puerco, castañas de agua, cebollitas de cambray, ajo, jengibre, salsa de soya, aceite de ajonjolí, azúcar y sal y pimienta blanca al gusto. Mezcle hasta integrar. Para rectificar la sazón, caliente en seco una sartén antiadherente sobre fuego medio-alto, añada una cucharadita del relleno y cocine cerca de 2 minutos, hasta que la carne y los camarones estén cocidos totalmente. Rectifique la sazón del relleno restante según sea necesario.

Extienda las hojas wonton sobre una superficie de trabajo ligeramente enharinada. Espolvoree una charola para hornear con fécula de maíz y tenga a la mano un tazón pequeño con agua. Coloque 1 cucharadita rasa del relleno crudo en el centro de cada hoja wonton. Moje su dedo en el agua y humedezca dos orillas perpendiculares de 1 hoja wonton. Doble a la mitad para hacer un triangulo uniendo las 2 orillas húmedas con las 2 orillas secas. Presione suavemente las orillas para sellarlas alrededor del relleno. Humedezca los 2 puntos opuestos del lado largo del wonton y presione juntándolos para formar una pequeña bolsa. Ponga el wonton listo en la charola de hornear preparada. Repita la operación con las hojas wonton restantes.

Ponga a hervir una olla grande con tres cuartas partes de agua sobre fuego alto. Trabajando en tandas, añada cuidadosamente los wontons, tape y vuelva a hervir. Cocine los wontons de 3 a 4 minutos, hasta que estén al dente. Usando un colador, páselos cuidadosamente a un tazón.

Mientras tanto, mezcle el caldo y el aceite de ajonjolí en una olla grande y hierva sobre fuego medio-alto. Añada las espinacas y hierva a fuego lento cerca de 2 minutos, hasta que se marchiten pero aún estén de color verde brillante.

Divida los wontons ya cocidos entre los tazones precalentados. Vierta el consomé caliente sobre los wontons y adorne con las cebollitas de cambray. Sirva inmediatamente.

Nota: Las hojas wonton se pueden encontrar en las tiendas de alimentos asiáticos.

RINDE DE 4 A 6 PORCIONES

LIMPIANDO CAMARONES

Para limpiar los camarones primero retire la cabeza (si aún la tienen) y jale las patas de la curvatura interior del cuerpo. Retire la piel, empezando por el lado de la cabeza. Usando un cuchillo pequeño y filoso, corte una ranura poco profunda a todo lo largo del centro del dorso. Con la punta del cuchillo, levante la vena negra delgada del tracto del intestino y deseche. Enjuague los camarones bajo el chorro del agua fría.

SOPA DE TORTILLA CON VERDURAS

ASANDO CHILES EN LA SARTÉN

Asar chiles en una sartén de hierro fundido o antiadherente (también se llama asar en seco) es un proceso por medio del cual se calienta el chile para que se tueste y se esponje, con el fin de suavizar su picor y sacar todo su sabor. Esta misma técnica añade un delicioso sabor tostado a las nueces y a las especias enteras como el comino y la semilla de mostaza. Tenga cuidado de no quemarlos.

En una olla para sopa sobre fuego medio, caliente el aceite. Añada la cebolla y saltee cerca de 7 minutos, hasta dorar, sin quemar. Añada el ajo y 2 cucharadas de cilantro y saltee 1 minuto más. Agregue los jitomates con su jugo y el comino y cocine, cerca de 5 minutos, moviendo de vez en cuando hasta espesar ligeramente. Integre el caldo y retire del fuego. Usando una batidora de inmersión o una licuadora, muela hasta obtener un puré suave.

Vuelva a colocar la sopa sobre fuego medio. Añada las calabacitas y zanahorias, tape parcialmente y cocine cerca de 15 minutos, moviendo de vez en cuando, hasta que las verduras estén suaves. Sazone con sal y pimienta.

Mientras tanto, precaliente el horno a 200°C (400°F). Acomode las tiras de tortilla en una sola capa sobre una charola de hornear y hornee de 7 a 8 minutos, hasta que estén crujientes y empiecen a dorarse. Reserve.

Ponga el chile en una sartén seca de hierro fundido o antiadherente sobre fuego medio-alto y cocine cerca de 2 minutos por cada lado, hasta que se esponje y suelte su aroma; no deje que se queme. Retire el tallo, machaque el chile en un mortero o molcajete o presione con uno de los lados de un cuchillo pesado y reserve.

Sirva con un cucharón en los tazones precalentados. Adorne con las tiras tostadas de tortilla, el chile machacado, las 2 cucharadas restantes del cilantro y el queso. Sirva inmediatamente.

RINDE 4 PORCIONES

2 cucharadas de aceite de maíz o canola

1 cebolla amarilla o blanca, finamente picada

4 dientes de ajo, finamente picados

4 cucharadas (10 g/⅓ oz) de cilantro fresco picado

1 lata de 455 g (14½ oz) de jitomates asados, cortados en cubos (página 115), con su jugo

1 cucharadita de comino molido

4 tazas (1 l/32 fl oz) de caldo de verduras o pollo (página 112) o de consomé preparado

1 calabacita (courgette) cortada en juliana (página 33)

1 zanahoria, sin piel y cortada en juliana (página 33)

Sal y pimienta recién molida

4 tortillas de maíz, ligeramente duras o secas, cortadas a la mitad y rebanadas en tiras delgadas

1 chile pasilla, sin tallo ni semillas

¼ taza (30 g/1 oz) de queso Monterrey Jack o manchego, rallado grueso

SOPAS COMO PRIMER PLATO

Cuando estas sopas sustanciosas se sirven acompañadas de una ensalada verde y un buen pan, se convierten por sí mismas en una comida nutritiva servida en un tazón. Al mezclar carne, mariscos o frijoles con verduras y aderezarlos con una amplia variedad de sazonadores y especias, estos sustanciosos platillos resultan sumamente apetitosos en clima frío.

SOPA DE CHÍCHAROS CON SALCHICHA

Caliente el aceite en una olla grande y gruesa para hornear u horno holandés, sobre fuego medio. Añada las cebollas y salte de 3 a 5 minutos, hasta suavizar. Agregue el apio y las zanahorias y saltee de 2 a 3 minutos más, hasta que estén tiernas. Incorpore el ajo y saltee 1 minuto más.

Agregue los chícharos partidos, ½ taza (125 g/4 oz) de la salchicha Andouille o salchichón en cubos, caldo, hoja de laurel y 4 tazas (1 l/32 fl oz) de agua y hierva sobre fuego medio-alto. Reduzca el fuego a medio-bajo, tape parcialmente y cocine cerca de 45 minutos, hasta que estén suaves, moviendo de vez en cuando y raspando el fondo de la olla para que los chícharos no se quemen.

Retire del fuego y deseche la hoja de laurel. Usando una batidora de inmersión o una licuadora, muela hasta obtener un puré espeso, dejando algo de textura. Vuelva a colocar sobre fuego medio-bajo, añada el resto de la salchicha Andouille o salchichón y cocine cerca de 5 minutos, hasta que la salchicha esté caliente. Sazone con sal y pimienta al gusto.

Sirva en los tazones precalentados y adorne con el perejil. Sirva inmediatamente.

RINDE 8 PORCIONES

SALCHICHA ANDOUILLE

La salchicha Andouille da a esta sopa un sabor ligeramente picante estilo Cajún, la cual por lo general se prepara con jamón o tocino. Es una salchicha rústica ahumada y estofada con tripa, originaria de Francia y considerada como un ingrediente valioso en la comida de la región Cajún de Louisiana, en donde se usa como ingrediente básico del gumbo y la jambalaya. Las salchichas cocinadas como la andouille se pueden refrigerar durante 1 semana o congelar hasta por 2 meses.

2 cucharadas de aceite de oliva

1 cebolla grande amarilla o blanca, finamente picada

2 tallos de apio, finamente rebanados

2 zanahorias, sin piel y finamente rebanadas

3 dientes de ajo, finamente picados

2 tazas (440 g/14 oz) de chícharos amarillos, partidos, escogidos, enjuagados y escurridos

250 g (½ lb) de salchicha andouille (salchichón), cortada en cubos de 12 mm (½ in)

4 tazas (1 l/32 fl oz) de caldo de pollo (página 112) o de consomé preparado

1 hoja de laurel

Sal y pimienta recién molida

Perejil liso (italiano) fresco, finamente picado, para adornar

CREMA DE HONGOS CON POLLO

30 g (1 oz) de hongos secos como el porcini

4 tazas (1 l/32 fl oz) de caldo de pollo (página 112) o de consomé preparado

¼ taza (60 g/2 oz) de mantequilla sin sal

1 cebolla amarilla o blanca, finamente picada

375 g (¾ lb) de hongos cremini frescos, cepillados y en rebanadas delgadas (vea explicación a la derecha

¼ taza (45 g/1½ oz) de harina de trigo (simple)

Sal y pimienta blanca recién molida

2 cucharaditas de salsa de soya

500 g (1 lb) de pechugas de pollo, sin piel y deshuesadas, partidas a la mitad a lo largo y cortadas en rebanadas delgadas

1 taza (250 ml/8 fl oz) de media crema

¼ taza (60 ml/2 fl oz) de Oporto tawny

Perejil liso (italiano) fresco, finamente picado, para adornar

En una olla mezcle los hongos secos y el caldo. Tape y hierva sobre fuego medio-alto. Hierva a fuego lento 5 minutos. Retire del fuego y reserve.

En una olla grande de sopa sobre fuego medio, derrita la mantequilla. Añada la cebolla y saltee cerca de 5 minutos, hasta suavizar. Agregue los hongos frescos y saltee cerca de 3 minutos más, hasta suavizar. Espolvoree la mezcla de la cebolla con la harina, sal y pimienta blanca al gusto y cocine moviendo cerca de 1 minuto, hasta incorporar la harina y que los hongos se cubran. Escurra los hongos secos remojados en un colador cubierto con un trozo de manta de cielo húmedo (muselina), reservando el caldo. Añada el caldo, los hongos escurridos y la salsa de soya a la misma olla y hierva a fuego lento, tapada parcialmente, cerca de 15 minutos, hasta que los hongos estén suaves y los sabores se hayan integrado.

Retire del fuego. Usando una batidora de inmersión o una licuadora, haga un puré espeso con la sopa, dejando algo de textura. Vuelva a colocar sobre fuego medio, añada el pollo y hierva lentamente cerca de 2 minutos, hasta que esté cocido. Añada la media crema y el Oporto y hierva a fuego lento cerca de 1 minuto más, hasta que los sabores se hayan mezclado. Pruebe y rectifique la sazón.

Sirva la sopa en los tazones precalentados, adorne con el perejil picado y sirva inmediatamente.

RINDE 4 PORCIONES

LIMPIANDO HONGOS

Los hongos absorben agua fácilmente, quedando aguados e insípidos si se les deja en remojo. Generalmente los hongos frescos comprados en la tienda, se pueden limpiar simplemente cepillándolos con un cepillo suave o un trapo limpio. Si los hongos están demasiado sucios, enjuague rápidamente la tierra suelta colocándolos en un colador. Otra técnica efectiva es frotar los hongos cuidadosamente con una toalla de papel húmeda.

RIBOLLITA

Ponga los frijoles a remojar en un tazón con agua fría a cubrir durante 4 horas mínimo o por toda la noche. Escurra y reserve.

En una olla grande para sopa, mezcle los frijoles escurridos, 3 l (3 qt) de agua, ajo y salvia. Hierva sobre fuego medio-alto. Reduzca la temperatura y hierva a fuego lento de 1½ a 2 horas, hasta que los frijoles estén suaves pero firmes. Retire del fuego. Usando una batidora de inmersión o una licuadora, muela hasta obtener un puré con algo de textura. Reserve

En una olla grande sobre fuego medio, caliente ¼ taza (60 ml/2 fl oz) del aceite de oliva. Añada las cebollas y saltee de 7 a 10 minutos, hasta suavizar. Agregue las zanahorias, apio, papas, col, acelgas y cavolo nero. Mezcle hasta cubrir uniformemente. Añada los jitomates y sal y pimienta al gusto. Tape y cocine, cerca de 20 minutos, moviendo ocasionalmente hasta que las verduras estén suaves. Agregue las verduras cocidas al puré de frijol y cocine tapado cerca de 40 minutos más, hasta espesar. Pruebe y rectifique la sazón.

Coloque las rebanadas de pan tostado en el fondo de los tazones precalentados y cubra con la sopa; rocíe con el aceite de oliva restante y sirva de inmediato.

Nota: El cavolo nero toscano, también conocido como col negra, es muy similar a la col verde dinosaurio también conocida como lacinato kale. Si no puede conseguir cavolo nero, puede sustituir por col verde dinosaurio o col normal.

Para Servir: La Ribollita, cuyo nombre quiere decir "recocida" en italiano, puede servirse el día que se cocina, pero sabe aún mejor cuando se recalienta y se come al día siguiente, después de que los sabores se han integrado (de ahí su nombre).

RINDE 8 PORCIONES

PAN PARA LA RIBOLLITA

Un alimento básico en la cocina campestre de la Toscana es esta sopa hecha tradicionalmente con pan viejo; como el pan a la francesa o panzanella (ensalada de pan y jitomate). Esta es una forma inteligente de usar los sobrantes en vez de desperdiciarlos. En la Toscana se usa pane toscano, que se distingue por su falta de sal, pero también se puede usar una rebanada de pan rústico con corteza. Puede usar pan viejo o del día anterior si lo tiene a la mano, o puede tostar ligeramente el pan fresco para sustituirlo. De cualquier forma, el pan seco absorberá la deliciosa sopa.

500 g (1 lb) de frijoles cannelini secos, escogidos, enjuagados y escurridos

4 dientes de ajo, picados

5 hojas de salvia fresca

½ taza (125 ml/4 fl oz) de aceite de oliva extra virgen

2 cebollas amarillas o blancas, picadas grueso

3 zanahorias, sin piel y picadas grueso

3 tallos de apio, rebanados

2 papas rojas russet, sin piel y picadas grueso

½ col savoy pequeña, sin corazón y picada grueso

1 manojo de acelgas y la misma cantidad de cavolo nero (vea Nota), sin los tallos gruesos, picadas grueso

1 lata de 455 g (14½ oz) de jitomates machacados

Sal y pimienta recién molida

8 rebanadas de pan rústico del día anterior o tostado, de 12 mm (½ in) de grueso

POZOLE

2 cucharadas de aceite de maíz o de canola

500 g (1 lb) de lomo de puerco cortado en cubos de 12 mm (½ in)

1 cebolla amarilla o blanca, finamente picada

3 dientes de ajo, finamente picados

1½ cucharada de polvo de chili

½ cucharadita de comino molido

½ cucharadita de orégano seco

3 tazas (750 ml/24 fl oz) de caldo de pollo (página 112) o de consomé preparado

1 lata de 455 g (14½ oz) de jitomates asados, cortados en cubos, con su jugo (página 115)

1 lata de 470 g (15 oz) de cacahuazintle (hominy), enjuagado y escurrido (vea Nota)

1 chile jalapeño, sin semillas y en cubos (vea explicación a la derecha)

Sal y pimienta recién molida

Aguacate y cebollitas de cambray en rebanadas, para adornar

Limón en rebanadas y tortillas calientes, para acompañar

En una olla para sopa sobre fuego medio, caliente el aceite. Trabajando en tandas, si fuera necesario para evitar llenar la olla demasiado, añada el puerco y saltee cerca de 3 minutos por tanda, hasta que se opaque por todos lados pero no se dore. Usando una cuchara ranurada, pase la carne a un tazón y reserve.

Añada la cebolla y saltee de 3 a 5 minutos, hasta suavizar. Agregue el ajo, polvo de chili, comino y orégano y cocine 1 minuto más, moviendo para integrar las especias.

Añada el caldo, jitomates, cacahuazintle, jalapeño, el puerco salteado con su jugo, sal y pimienta al gusto; hierva sobre fuego alto. Reduzca la temperatura, tape y hierva cerca de 15 minutos, hasta que el puerco esté cocido totalmente y la sopa esté aromática.

Sirva en los tazones precalentados y adorne con las rebanadas de aguacate y cebollas de cambray. Acompañe con las rebanadas de limón y tortillas calientes.

Nota: El pozole es una sopa mexicana tradicionalmente hecha con maíz cacahuazintle parcialmente cocido (nixtamal). Esta versión simplificada usa cacahuazintle de lata, enjuagado y escurrido

RINDE 4 PORCIONES

TRABAJANDO CON CHILES

La capsicina, la sustancia química que le da al chile su picor, se encuentra fundamentalmente en las venas interiores del chile. Las semillas, carne y piel tienen progresivamente menos picor, por lo que si desea disminuir su picor, desvénelo y retire las semillas antes de usarlo. Cuando trabaje con chiles, evite tocar sus ojos, boca, nariz u otras áreas sensibles. Si lo desea, puede usar guantes de plástico delgado para proteger su piel. Lave sus manos y los utensilios inmediatamente después de haber trabajado con los chiles.

CHOWDER DE PESCADO CON VINO BLANCO Y CREMA

En una sartén sobre fuego medio, derrita 2 cucharadas de mantequilla. Añada los poros y saltee cerca de 5 minutos, hasta suavizar. Añada los champiñones y saltee cerca de 3 minutos, hasta que se empiecen a suavizar. Agregue el pimiento y saltee cerca de 2 minutos más, hasta que se empiece a suavizar. Reserve.

En una olla grande de sopa, mezcle el caldo y el vino; hierva sobre fuego medio-alto. Cocine cerca de 10 minutos, hasta reducirlo a 4 tazas (1 l/32 fl oz). Añada la crema, vuelva a hervir a fuego lento y cocine cerca de 10 minutos más, hasta espesar. Agregue el azafrán y sal y pimienta blanca al gusto.

Integre el pescado, hierva lentamente y cocine de 3 a 5 minutos, hasta que el pescado esté suave, húmedo y totalmente opaco. Agregue las verduras salteadas, moviendo para mezclar y cocine cerca de 3 minutos más, hasta que esté totalmente caliente.

Vierta la sopa a los tazones precalentados, adorne con el perejil picado y sirva de inmediato.

RINDE 6 PORCIONES

AZAFRÁN

Reconocido por su sabor silvestre ligeramente amargo, los hilos de color rojo-ladrillo del azafrán son los estigmas de la flor de una planta iridácea. Ya que en cada flor hay únicamente 3 estigmas, la cosecha del azafrán es sumamente tardada, convirtiéndolo en la especia más cara del mundo. Sin embargo, solamente se requiere una pizca de azafrán para dar un color amarillo brillante y un sabor suave a una olla entera de sopa o a una sartén con paella española. Para obtener un mejor resultado, use los hilos de azafrán, no el polvo.

3 cucharadas de mantequilla sin sal

3 poros, únicamente las partes blancas y verde pálido, limpias (página 13) y finamente picadas

125 g (¼ lb) de champiñones, cepillados y rebanados

1 pimiento rojo (capsicum), sin semillas y cortado en juliana (página 33)

4 tazas (1 l/32 fl oz) de caldo de pescado (página 113) o jugo de almeja embotellado

1 taza (250 ml/8 fl oz) de vino blanco seco

1 taza (250 ml/8 fl oz) de crema espesa (doble)

Una pizca generosa de hilos de azafrán (vea explicación a la izquierda)

Sal y pimienta blanca recién molida

750 g (1½ lb) de filetes de pescado blanco de carne firme como el robalo o halibut, cortado en trozos pequeños

Perejil liso (italiano) fresco, finamente picado, para adornar

SOPA VIETNAMITA DE CARNE Y PASTA

220 g (7 oz) de tallarines de arroz (página 115)

8 tazas (2 l/64 fl oz) de caldo de carne (página 112)

5 clavos de olor enteros

4 rebanadas delgadas de jengibre fresco

3 vainas de anís estrella

1 raja de canela

1 cucharadita de granos de pimienta negra

1 cebolla amarilla o blanca, rebanada

Sal y pimienta molida

¼ taza (60 ml/2 fl oz) de aceite de cacahuate o canola

8 chalotes, rebanados

250 g (½ lb) de cuete de res, rebanado sumamente delgado por el carnicero, y cortado en piezas de 5 cm (2 in)

Hojas de un manojo de cilantro fresco

Hojas de un manojo de menta o hierbabuena fresca y la misma cantidad de albahaca, preferiblemente albahaca tai

1 taza (60 g/2 oz) de germinado de frijol

2 chiles tai rojos pequeños, sin semillas y finamente rebanados

1 limón en cuárterones

Salsa picante, como Sriracha, para acompañar

En un tazón remoje los tallarines de arroz cubriendo con agua tibia cerca de 20 minutos, hasta que estén flexibles.

Mientras tanto, en una olla para sopa, mezcle el caldo, clavos, jengibre, anís estrella, canela, granos de pimienta, cebolla y sal y pimienta al gusto. Hierva sobre fuego medio-alto. Reduzca la temperatura, tape y cocine cerca de 10 minutos, hasta que el caldo aromatice. Cuele la sopa a través de un colador de malla fina colocado sobre un tazón grande y deseche las especias. Vuelva a colocar el caldo en la olla y reserve.

Mientras el caldo hierve a fuego lento y los tallarines se suavizan, caliente el aceite en una sartén sobre fuego medio-alto. Añada las rebanadas de chalote y fría cerca de 4 minutos, volteando con unas pinzas hasta que estén dorados por ambos lados. Escurra sobre toallas de papel.

Tenga listos 4 tazones de sopa profundos. Hierva una olla grande con agua sobre fuego alto. Recaliente el caldo de carne sazonado sobre fuego alto. Escurra los tallarines. Ponga una cuarta parte de los tallarines en un colador y sumerja en el agua hirviendo cerca de 10 segundos, hasta que estén suaves pero firmes. Escurra y coloque en uno de los tazones para sopa. Repita la operación con los tallarines restantes y los demás tazones.

Divida las rebanadas de carne entre los tazones y, usando un cucharón, cubra con el caldo hirviendo (el caldo hirviendo cocerá las rebanadas delgadas de carne). Divida el cilantro, menta, albahaca, germinado de frijol, chiles, chalotes fritos y las rebanadas de limón entre los tazones.

Sirva inmediatamente y acompañe a la mesa con la salsa picante.

RINDE 4 PORCIONES

PHO

El Pho, que se pronuncia "fo", es una sopa vietnamita de tallarines tan popular que muchos la consideran como el platillo nacional. Su base es un fuerte caldo de carne perfumado con anís estrella, granos de pimienta y jengibre. Los tallarines de arroz translúcidos flotan en el tazón ancho cubiertos por un surtido de carnes que incluye desde tripa y tendón hasta rebanadas delgadas de filete. El Pho siempre se acompaña con ramas de albahaca tai fresca, menta y cilantro, y se sirve con un plato de germinado de frijol, gajos de limón y rebanadas de chiles.

SOPA PORTUGUESA DE COL VERDE Y SALCHICHA

En una olla grande para sopa sobre fuego medio, caliente el aceite de oliva. Añada las cebollas y saltee de 5 a 7 minutos, hasta que se doren ligeramente. Añada el ajo y cocine 1 minuto más. Agregue las papas, mueva para cubrir y saltee 2 minutos más. Integre el caldo, tape y hierva. Reduzca la temperatura para que hierva lentamente y cocine cerca de 20 minutos, hasta que las papas estén suaves.

Retire del fuego. Usando una batidora de inmersión o una licuadora, muela hasta obtener un puré grueso, dejando intactas algunas rebanadas de papa. Añada el chorizo, tape, vuelva a poner a fuego medio y hierva cerca de 5 minutos, hasta que el chorizo esté caliente. Agregue la col verde y cocine de 3 a 5 minutos, sin tapar, hasta que se marchite pero aún conserve su color verde brillante. Sazone con sal y pimienta al gusto.

Sirva la sopa en los tazones precalentados, rocíe con el aceite de oliva extra virgen y sirva de inmediato.

RINDE DE 4 A 6 PORCIONES

CALDO VERDE

Esta sopa, llamada caldo verde, es un platillo típico de las comunidades portuguesas en los Estados Unidos. La Kale o col verde, un ingrediente básico de la cocina portuguesa y el ingrediente principal de esta sustanciosa sopa, tiene muchas vitaminas y crece fácilmente durante los meses fríos del invierno. En Portugal, se usa la salchicha "linguiça" o chorizo, pero se puede usar cualquier salchicha de puerco que tenga ajo, como la kielbasa. El caldo verde se sirve frecuentemente acompañado de un trozo dorado de broa, un pan de elote fermentado, pero también se puede acompañar con el pan de elote estilo sureño.

¼ taza (60 ml/2 fl oz) de aceite de oliva

2 cebollas amarillas o blancas, finamente picadas

4 dientes de ajo, finamente picados

3 papas grandes rojas russet, cerca de 1.250 kg (2½ lb) de peso total, sin piel y en rebanadas delgadas

6 tazas (1.5 l/48 fl oz) de caldo de pollo o de verduras (página 112) o de consomé preparado

375 g (¾ lb) de kielbasa o chorizo, cortado en rebanadas de 12 mm (½ in)

1 manojo de col verde (kale), sin los tallos gruesos y en rebanadas muy delgadas

Sal y pimienta recién molida

Aceite de oliva extra virgen para rociar

GUISOS COMPLETOS

Los platillos como el goulash rico en páprika o un rico guisado de alubias pueden ser las comidas esenciales para el invierno, pero un guisado también puede dar inicio a una comida en primavera o verano, como en el caso de la bouillabaisse o el guisado de cordero con olor ácido de naranja. Por decirlo así, las recetas que se incluyen en este capítulo son ideales para disfrutarse en cualquier momento que desee una comida reconfortante y completa hecha en una sola olla.

BOUILLABAISSE

Retire las espinas que tengan los filetes de pescado. Corte los filetes transversalmente en piezas de 4 cm (1½ in) de ancho. Reserve.

En una olla para sopa sobre fuego medio-alto, caliente 2 cucharadas del aceite de oliva. Añada las cebollas y la zanahoria, reduzca el fuego a medio y cocine cerca de 6 minutos, moviendo frecuentemente, hasta que las cebollas estén suaves y se empiecen a dorar. Agregue el ajo, poro e hinojo y cocine cerca de 5 minutos, hasta que el hinojo esté suave. Añada los jitomates y las ralladuras de naranja y limón y cocine durante 10 minutos más. Agregue el bouquet garni y el caldo de pescado. Suba el fuego a alto y hierva. Añada las 2 cucharadas restantes del aceite de oliva y continúe hirviendo cerca de 15 minutos, para integrar los sabores.

Reduzca el fuego a medio y añada los filetes de pescado, camarones y mejillones desechando los que no se cierran al tacto. Cocine cerca de 3 minutos más, hasta que los mejillones se empiecen a abrir. Deseche los mejillones que no se hayan abierto. Sazone con sal y pimienta.

Sirva la sopa en los tazones precalentados. Unte las rebanadas de pan baguette tostadas con rouille y use para adornar la sopa, o sirva a un lado.

Nota: Esta famosa sopa de pescado es un platillo típico de Marsella, al sur de Francia. En Marsella, el caldo de la bouillabaisse tradicionalmente se cuela y se sirve con panecillos (croutons) y rouille (vea explicación a la izquierda). Los camarones, pescado y mejillones se sirven posteriormente como segundo plato.

RINDE DE 6 A 8 PORCIONES

ROUILLE

Para hacer la rouille, cocine 1 papa roja (russet) en cuarterones, sin piel, en una olla de agua hirviendo cerca de 15 minutos, hasta suavizar. Escurra y píquela grueso. En una sartén sobre fuego medio, caliente ¼ taza (60 ml/2 fl oz) de aceite de oliva. Añada 4 dientes de ajo partidos a la mitad y saltee durante 1 minuto, hasta dorar. Pase el ajo y el aceite a un procesador de alimentos. Añada 2 pimientos rojos asados y picados (página 114), la papa, ¼ taza (60 ml/2 fl oz) de agua, 1 cucharada de jugo de limón fresco y 2 pizcas de pimienta de cayena. Pulse hasta suavizar. Sazone con sal y pimienta.

---

750 g (1½ lb) de filetes de pescado de carne firme como el robalo rallado, halibut o rape

¼ taza (60 ml/2 fl oz) de aceite de oliva

3 cebollas amarillas o blancas, picadas

1 zanahoria, sin piel y rallada

8 dientes de ajo, finamente picados

2 poros, incluyendo las partes suaves de color verde, picados

1 bulbo de hinojo, sin las puntas y cortado en pequeños cubos

4 jitomates, sin piel ni semillas (página 109), picados

Cáscara de 1 naranja y 1 limón, en forma de listones anchos, retirados con un pelador

1 bouquet garni (página 99)

8 tazas (2 l/64 fl oz) de caldo de pescado (página 113)

375 g (¾ lb) de camarones, sin piel y limpios (página 53)

500 g (1 lb) de mejillones, cepillados y sin barbas (página 110)

Sal y pimienta recién molida

1 baguette, cortada en rebanadas delgadas y ligeramente tostadas

Rouille para servir (vea explicación a la izquierda)

GUISADO DE VERDURAS Y COUSCOUS

8 zanahorias, sin piel

1 berenjena (aubergine), sin piel

4 calabazas amarillas (crookneck)

2 poros, únicamente las partes blancas y verde pálido, limpios (página 13) y finamente picados

250 g (½ lb) de colecitas de Bruselas pequeñas, partidas a la mitad

3 cucharadas de aceite de oliva

4 tazas (1 l/32 fl oz) de caldo de pollo o verduras (página 112)

1 cucharadita de hojas frescas de tomillo, finamente picadas

Sal y pimienta molida

6 dientes de ajo, finamente picados

1 jitomate, sin piel (página 109) y cortado en cubos

1 taza (155 g/5 oz) de aceitunas Kalamata o negras

1 lata de 470 g (15 oz) de garbanzos, enjuagados y escurridos

2 cucharadas de perejil liso (italiano) fresco y la misma cantidad de cebollín fresco, y de albahaca fresca, finamente picados

¼ taza (30 g/1 oz) de queso Parmesano fresco recién rallado

1¼ taza (315 g/10 oz) de couscous cocido

Precaliente el horno a 200ºC (400ºF).

Corte las zanahorias, berenjena y calabaza en trozos de 4 cm (1½ in). En una sartén grande para asar, mezcle las zanahorias, berenjena, calabaza, poros y colecitas de Bruselas. Vierta el aceite de oliva y 1 taza (250 ml/8 oz) del caldo. Añada el tomillo y sal y pimienta al gusto. Mezcle hasta cubrir todas las verduras uniformemente.

Ase en el horno durante 30 minutos, moviendo las verduras ocasionalmente. Añada otra taza de caldo, ajo y jitomate a la sartén y continúe asando, cerca de 30 minutos más, moviendo cada 15 minutos, hasta que las verduras estén muy suaves.

Deshuese y pique las aceitunas Kalamata (vea explicación a la derecha). Añada las 2 tazas restantes de caldo, garbanzos, aceitunas, perejil, cebollín y albahaca a la sartén y mezcle para integrar. Pruebe y rectifique la sazón. Vuelva a colocar en el horno durante 5 minutos más.

Usando una cuchara, pase las verduras a un tazón grande de servicio, adorne con el queso y sirva cada porción sobre una cama de couscous.

RINDE 6 PORCIONES

DESHUESANDO LAS ACEITUNAS

Las aceitunas Kalamata de Grecia, con su forma almendrada y su color negro-púrpura, tienen un sabor a salmuera y una textura carnosa. Un deshuesador de cerezas o de aceitunas facilita el trabajo de retirar los huesos. O, si lo desea, extienda las aceitunas en una sola capa sobre una tabla de picar. Aplástelas cuidadosamente con la parte inferior de una sartén pesada, un rodillo o el borde de un cuchillo de chef. La mayoría de los huesos saldrán rodando de las aceitunas partidas; retire cualquier trocito que haya quedado con un cuchillo filoso pequeño.

GUISADO DE ALUBIAS Y SALCHICHA

Coloque los frijoles en un tazón con agua fría a cubrir y remoje mínimo por 4 horas o durante toda la noche. Escurra y reserve.

En una olla grande y gruesa para hornear u horno holandés, caliente el aceite de oliva. Añada la cebolla y saltee de 5 a 7 minutos, hasta suavizar. Agregue el ajo y saltee 1 minuto más. Añada el caldo, vino, jitomates y las alubias escurridas. Hierva a fuego lento, tape y cocine cerca de 1¼ hora, hasta que las alubias estén suaves y empiecen a separarse. Presione algunas de las alubias o frijoles blancos con el revés de una cuchara para crear una consistencia cremosa. Agregue la salchicha, vuelva a hervir a fuego lento y cocine cerca de 5 minutos, hasta que espese ligeramente. Añada el vinagre balsámico y sal y pimienta al gusto; cocine durante 3 minutos más para suavizar el sabor del vinagre.

Precaliente el asador del horno. Pase el guisado a un refractario o a un platón para gratinar.

En un tazón pequeño, mezcle el Parmesano, las migas de pan y el perejil. Espolvoree uniformemente sobre el guisado. Coloque debajo del asador y ase de 3 a 4 minutos, hasta que se doren las migas de pan y el queso pero que no se quemen. Sirva en tazones de sopa precalentados.

Nota: Esta sustanciosa receta es una manera más rápida y sencilla de hacer la tradicional cassoulet francesa.

RINDE 6 PORCIONES

RINDE 6 PORCIONES

Las migas de pan son una buena forma de usar el pan de días anteriores. Para hacer migas de pan tostado, como se requiere en esta receta, tueste ligeramente las rebanadas de pan al horno a 165°C (325°F), de 10 a 12 minutos, hasta que se sequen y estén ligeramente doradas. Parta las rebanadas (incluyendo la corteza) en trozos y, trabajando en tandas, muela en el procesador de alimentos o en una licuadora hasta obtener la textura deseada.

2 tazas (440 g/14 oz) de alubias o frijoles blancos como los Great Northern, escogidos, enjuagados y escurridos

2 cucharadas de aceite de oliva

1 cebolla amarilla o blanca, finamente picada

2 dientes de ajo, finamente picados

4 tazas (1 l/32 fl oz) de caldo de pollo (página 112) o de consomé preparado

1 taza (250 ml/8 fl oz) de vino blanco seco

1 taza (250 g/8 fl oz) de jitomates en lata, cortados en cubos y escurridos

500 g (1 lb) de salchicha cocida (como salchicha de pollo con hierbas, cordero o salchicha con ajo) cortada en rebanadas de 12 mm (½ in)

3 cucharadas de vinagre balsámico

Sal y pimienta recién molida

¼ taza (30 g/1 oz) de queso Parmesano fresco rallado

¼ taza (30 g/1 oz) de migas de pan tostadas (vea explicación a la izquierda)

1 cucharada de perejil liso (italiano) fresco, finamente picado

FRICASSÉ DE POLLO CON DUMPLINGS

1.5 kg (3 lb) de muslos, piernas y pechugas de pollo

1½ tazas (235 g/7½ oz) de harina de trigo (simple)

Sal y pimienta molida

4 cucharadas (60 ml/2 fl oz) de aceite de oliva

4 poros, únicamente las partes blancas y verde pálido, limpios (página 13) y en rebanadas muy delgadas

2 cebollas amarillas o blancas, en rebanadas muy delgadas

6 zanahorias, sin piel y rebanadas

4 tallos de apio, rebanados

2 manzanas rojas, sin piel ni corazón, rebanadas

3 cucharadas de eneldo, finamente picado

3 tazas (750 ml/24 fl oz) de caldo de pollo (página 112)

1 taza (250 ml/8 fl oz) de jugo de manzana

⅓ taza (60 g/2 oz) de fécula de maíz (maicena)

2 cucharaditas de polvo para hornear

3 cucharadas de manteca vegetal fría

½ ó 1 taza (250 a 500 ml/4 a 8 fl oz) de leche, según se necesite

Seque las piezas de pollo con toallas de papel. Coloque ¼ taza (45 g/1½ oz) de la harina en un tazón grande o en una bolsa de plástico con cierre hermético y sazone con sal y pimienta. Añada el pollo en tandas y revuelva o sacuda para cubrir completamente con la harina sazonada.

En una olla grande y gruesa para hornear u horno holandés, caliente 3 cucharadas de aceite de oliva. Trabajando en tandas para evitar que se llene demasiado, añada el pollo y dore por todos lados, de 4 a 5 minutos por tanda. Pase el pollo dorado a un tazón y reserve.

Agregue la cucharada restante de aceite de oliva a la olla y reduzca el fuego a medio. Añada los poros y la cebolla y saltee de 5 a 7 minutos, hasta dorar ligeramente. Agregue las zanahorias, apio y manzanas y saltee de 3 a 5 minutos más, hasta suavizar ligeramente. Añada 2 cucharadas del eneldo, caldo y jugo de manzana y hierva a fuego lento. Vuelva a colocar en la olla el pollo y el jugo que se haya acumulado y cocine, tapado, cerca de 15 minutos, hasta que el pollo esté totalmente cocido y que, al picar el muslo con un cuchillo, el jugo salga claro. Sazone con sal y pimienta.

Mientras tanto, haga los dumplings: en un tazón mezcle 1¼ taza (200 g/6½ oz) de harina, la fécula de maíz, polvo para hornear, ½ cucharadita de sal y la cucharada restante de eneldo. Usando un mezclador de varillas o 2 cuchillos, corte la manteca; añada la leche, moviendo con un tenedor, hasta obtener una masa.

Llene una cuchara para helado con la masa de los dumplings y acomode sobre las piezas de pollo, dentro del caldo hirviendo lentamente (debe obtener de 6 a 8 dumplings). Tape y cocine de 15 a 18 minutos, vertiendo un poco del caldo sobre los dumplings de vez en cuando, hasta que al insertar un palillo en un dumpling éste salga limpio.

Usando un cucharón, pase el guisado a los tazones precalentados, dividiendo las piezas de pollo y los dumplings entre ellos. Sirva inmediatamente.

RINDE DE 4 A 6 PORCIONES

ENELDO

Es una hierba verde plumosa que se usa frecuentemente en las cocinas de Europa del Este y Rusia, en donde agregá su distintivo aroma a toda clase de platillos, desde la sopa de pollo y el arenque marinado, hasta los pepinillos (sazonados con semillas de eneldo) y el borscht de betabel. En esta receta el sabor refrescante del eneldo añade otra dimensión mientras se esponjan los dumplings en un guisado de pollo aromatizado con eneldo.

GOULASH

En una olla grande y gruesa para hornear u horno holandés, caliente el aceite de oliva. Añada los poros y carvi y cocine cerca de 5 minutos, hasta que los poros estén suaves. Agregue el pimiento y saltee cerca de 2 minutos más, hasta suavizar.

Añada la carne y la páprika y saltee de 7 a 10 minutos, hasta que la carne esté uniformemente dorada por todos lados.

Suba el fuego a alto, añada el caldo y hierva. Usando una cuchara de madera, raspe los trocitos dorados del fondo de la sartén. Reduzca el fuego a medio-bajo, tape parcialmente y hierva de 30 a 40 minutos, hasta que la carne esté tan suave que se pueda partir con un tenedor.

Integre los jitomates y su jugo, ajo, papa, pastinaca, zanahorias, sal y pimienta al gusto. Cocine, cerca de 20 minutos más, tapado parcialmente, hasta que todas las verduras estén suaves. Integre el perejil. Pruebe y rectifique la sazón.

Sirva el guisado en los tazones precalentados y adorne con la crema ácida. Sirva inmediatamente.

RINDE 4 PORCIONES

PÁPRIKA

Para darle un auténtico sabor a este sabroso guisado, busque la páprika dulce húngara en la sección de especias de un supermercado bien surtido o en una tienda especializada en alimentos. A diferencia de la mayoría de las páprikas, que tienen un sabor suave y que añaden poco color, este polvo tiene un color rojo oscuro, un sabor aromático, que captura la esencia de los granos secos y molidos de la páprika con la que está hecha. La páprika húngara se produce en cinco grados dependiendo de su fuerte sabor y picor; el tipo dulce, que se necesita para hacer esta receta, es el más versátil y fácil de encontrar.

3 cucharadas de aceite de oliva

4 poros, únicamente las partes blancas y verde pálido, limpios (página 13) y finamente picados

2 cucharaditas de carvi (semillas de alcaravea)

1 pimiento rojo (capsicum), sin semillas y picado

1 kg (2 lb) de carne de res para guisar, cortada en cubos de 2.5 cm (1 in)

3 cucharadas de páprika dulce húngara (vea explicación a la izquierda)

3 tazas (750 ml/24 fl oz) de caldo de pollo, carne o verduras (página 112)

1 lata de 455 g (14½ oz) de jitomates, cortados en cubos, con jugo

3 dientes de ajo, finamente picados

1 papa amarilla Yukon y la misma cantidad de pastinaca, sin piel y picadas

2 zanahorias, sin piel y picadas

Sal y pimienta recién molida

¼ taza de perejil liso (italiano) fresco, finamente picado

½ taza (125 g/4 oz) de crema ácida

GUISADO INVERNAL DE CARNE Y VERDURAS

1.5 kg (3 lb) de carne de res, cortada en cubos de 4 cm (1½ in)

½ taza (75 g/2½ oz) de harina de trigo (simple)

Sal y pimienta molida

5 cucharadas (80 ml/3 fl oz) de aceite de oliva

¼ taza (60 ml/2 fl oz) de vinagre de vino tinto

2 cebollas amarillas o blancas, 1 pastinaca y 1 zanahoria, sin piel y rebanadas

2 tazas (500 ml/16 oz) de caldo de res (página 112) o de consomé preparado

1 taza (250 ml/8 fl oz) de vino tinto seco

¼ taza (60 g/2 oz) de pasta o puré de tomate

2 dientes de ajo, finamente picados

1 hoja de laurel

4 ramas pequeñas de perejil liso (italiano) fresco, picado, más el necesario para adornar

1 rama pequeña de salvia fresca o ½ cucharadita de salvia seca

375 g (¾ lb) de zanahorias tiernas, sin piel

220 g (7 oz) de cebollitas de cambray o perla frescas, escalfadas y sin piel (página 18)

Seque el trozo de carne con toallas de papel. Coloque la harina en un tazón grande o en una bolsa de plástico con cierre hermético y sazone con sal y pimienta al gusto. Añada la carne en tandas y revuelva o sacuda para cubrir completamente con la harina sazonada.

En una olla grande y gruesa para hornear u horno holandés sobre fuego medio-alto, caliente 4 cucharadas (60 ml/2 fl oz) del aceite de oliva. Trabajando en tandas, agregue la carne y dore uniformemente por todos lados de 5 a 7 minutos para cada tanda. Pase a un tazón y reserve.

Añada el vinagre a la olla y, usando una cuchara de madera, raspe los trocitos sazonados del fondo. Reduzca a fuego medio y añada la cucharada restante del aceite de oliva. Agregue las cebollas y saltee de 12 a 15 minutos, hasta que estén bien doradas. Añada la pastinaca y la zanahoria rebanada y saltee cerca de 3 minutos más, hasta que estén ligeramente suaves. Añada el caldo, la carne dorada y los jugos que se hayan acumulado, el vino, pasta de jitomate, ajo, hoja de laurel, ramas de perejil y salvia e integre.

Reduzca la temperatura, cubra y hierva a fuego lento cerca de 1½ hora, moviendo de vez en cuando, hasta que la carne esté tan suave que se pueda partir con un tenedor. Añada las zanahorias tiernas, vuelva a hervir a fuego lento y cocine cerca de 15 minutos, hasta suavizar. Agregue las cebollas y cocine cerca de 3 minutos más, hasta que estén calientes. Deseche las hojas de laurel y las ramas de salvia, si las usa. Sazone con sal y pimienta al gusto. Usando un cucharón, sirva en los tazones precalentados y adorne con el perejil picado. Sirva inmediatamente.

Nota: Si no va a comerlo el mismo día, deje que el guisado se enfríe ligeramente, refrigere durante toda la noche, retire el exceso de grasa y recaliente suavemente. Los distintos sabores se integrarán a la perfección.

RINDE 6 PORCIONES

DESGLASANDO

Desglasar es una técnica francesa. Después de que una pieza de carne o pollo se dora en una sartén, se retira la carne y se añade a la sartén un líquido (generalmente caldo o vino, pero en este caso vinagre) y se hierve sobre fuego alto. Mientras el líquido hierve, raspe el fondo de la sartén con una cuchara de madera para desprender los trocitos dorados y sabrosos que han quedado pegados al fondo de la sartén antes de añadir los demás ingredientes. Este paso rápido integra los sabrosos residuos de la sartén al platillo terminado.

GUISADO MARROQUÍ DE CORDERO

Precaliente el horno a 180ºC (350ºF). En una olla grande y gruesa para hornear u horno holandés sobre fuego medio, caliente 1 cucharada del aceite de oliva. Añada las cebollas y saltee cerca de 5 minutos, hasta suavizar. Agregue las zanahorias y cocine cerca de 3 minutos más, hasta suavizar ligeramente. Pase a un tazón y reserve.

Seque la carne de cordero con toallas de papel. Coloque la harina en un tazón grande o en una bolsa de plástico de cierre hermético y sazone con sal y pimienta. Agregue el cordero en tandas y revuelva o sacuda para cubrir completamente con la harina sazonada.

Añada las 3 cucharadas restantes de aceite a la olla y caliente sobre fuego medio-alto. Trabajando en tandas para evitar llenar demasiado, agregue el cordero y dore por todos lados, de 4 a 5 minutos, para cada tanda. Pase a un tazón y reserve.

Vuelva a colocar la mezcla de la cebolla y el cordero dorado con los jugos acumulados en la olla. Añada el ajo, comino, azafrán y jengibre y revuelva para cubrir la carne y las verduras. Agregue el caldo y hierva, raspando los trocitos dorados del fondo de la sartén con una cuchara de madera. Añada los jitomates, dátiles, ralladura y jugo de la naranja; hierva sobre fuego alto.

Cubra y hornee de 1½ a 2 horas, hasta que la carne esté suave. (Si la salsa está demasiado delgada, pase la carne y las verduras con una cuchara ranurada a un tazón y hierva la salsa sobre la estufa hasta que espese. Vuelva a colocar la carne y las verduras en la olla). Pruebe y rectifique la sazón.

Pase el guisado a un platón de servicio y adorne con el perejil. Sirva inmediatamente.

RINDE 6 PORCIONES

DÁTILES SECOS

Muchas personas piensan que los dátiles arrugados y pegajosos son una fruta seca, como las ciruelas pasas o los chabacanos secos. De hecho, los dátiles son una fruta fresca que adquiere muchas de las mismas características de la fruta seca como la piel delgada y muy dulce, porque se cultivan en el desierto. En esta receta se necesitan dátiles secos. Los puede encontrar en tiendas especializadas en alimentos en donde los venden picados y generalmente cubiertos con harina para evitar que se peguen. Son el perfecto toque dulce para los guisados de cordero sumamente sazonados.

4 cucharadas (60 ml/2 fl oz) de aceite de oliva

2 cebollas amarillas o blancas, finamente picadas

3 zanahorias, sin piel y picadas

1.5 kg (3 lb) de cordero para guisar, cortado en cubos

½ taza (75 g/2½ oz) de harina de trigo (simple)

Sal y pimienta recién molida

3 dientes de ajo, finamente picados

1 cucharadita de comino molido

¼ cucharadita de hilos de azafrán (página 66)

1 cucharada de jengibre fresco, sin piel y finamente picado

2½ tazas (625 ml/20 fl oz) de caldo de res (página 112) o de consomé preparado

1 taza (250 g/8 oz) de jitomates enlatados, aplastados

1 taza (185 g/6 oz) de dátiles secos, picados

Ralladura y jugo de 1 naranja

2 cucharadas de perejil liso (italiano) fresco, finamente picado

POT AU FEU

3 l (3 qt) de caldo de pollo (página 112) o de consomé preparado

1.75 kg (3½ lb) de falda de res

4 piernas de res de 375 a 500 g (¾–1 lb) cada una, con el hueso y tuétano

9 poros pequeños, únicamente las partes blancas y verde pálido, limpios (página 13)

2 cucharadas de granos de pimienta negra

2 hojas de laurel

8 zanahorias, sin piel y cortadas a la mitad transversalmente

8 papas cambray rojas, cepilladas

Sal

Mostaza Dijon, crema de rábano silvestre (horseradish) (página 115) y pan estilo francés, para acompañar

En una olla grande para sopa, mezcle el caldo, falda de res, piernas y 3 l (3 qt) de agua. La carne deberá quedar cubierta por el líquido. Rebane uno de los poros y colóquelo, junto con los granos de pimienta y las hojas de laurel, en un trozo de manta de cielo (muselina). Amárrelo con hilo de cocina para hacer un bouquet garni (página 99). Añada a la olla. Hierva lentamente sobre fuego medio alto y cocine, sin tapar, durante 20 ó 30 minutos. Usando una cuchara ranurada o una espumadera, retire la espuma que se forme en la superficie.

Tape la olla parcialmente, reduzca la temperatura y hierva a fuego lento cerca de 2½ horas, hasta que la carne esté tan suave que se pueda partir con un tenedor. Retire la espuma ocasionalmente. Usando un tenedor y una cuchara ranurada, pase la carne a un platón. Cubra ligeramente con papel aluminio para mantenerla caliente.

Corte los 8 poros restantes a la mitad longitudinalmente, dejando la base intacta. Añada a la olla los poros, zanahorias, papas y sal al gusto. Vuelva a hervir sobre fuego medio-bajo y cocine de 20 a 30 minutos, hasta que las verduras estén ligeramente suaves. Deseche el bouquet garni. Pruebe y rectifique la sazón.

Usando una cuchara ranurada, pase la falda de res y las piernas a una tabla de picar. Corte la falda de res en rebanadas muy delgadas en contra del grano y separe la carne de la pierna en trozos pequeños. Divida la carne y las verduras entre los tazones precalentados. Vierta el caldo usando un cucharón. Sirva con rebanadas gruesas de pan para remojar. Acompañe a la mesa con la mostaza Dijon y la crema de rábano silvestre.

Nota: Asegúrese de tener suficiente tiempo para preparar este platillo, ya que es de cocción lenta. El pot au feu se sirve tradicionalmente en 2 platillos, primero se sirve el caldo y posteriormente la carne y las verduras. Esta versión es más sencilla e informal. Dé a sus comensales cuchillo y tenedor además de la cuchara de sopa.

RINDE 8 PORCIONES

PIERNA Y TUÉTANO

La pierna, o pantorrilla, es un músculo bien ejercitado en cualquier animal. La carne es muy sabrosa y suculenta pero requiere de mucho tiempo para cocinarse lentamente y suavizarse (la pierna es también el ingrediente principal del osso buco). El tuétano, considerado por muchas personas como una delicia, se encuentra en el centro del hueso de la pierna. Después de cocinar el pot au feu o platillos similares, los comensales pueden sacarlo del hueso y comerlo untado en las rebanadas de pan estilo francés o junto con la carne.

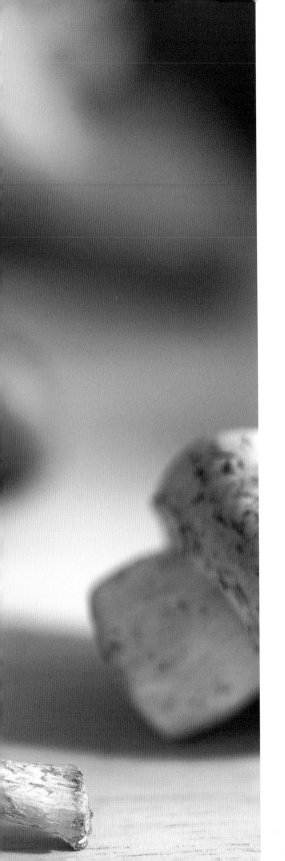

ESTOFADOS

Los estofados son el mejor amigo de un cocinero ocupado: se cocinan lentamente, casi sin atenderlos, en la estufa o en un horno bajo hasta suavizarse y saturarse de un rico y delicioso sabor. También tienen la virtud de mejorar con el tiempo; prepare estos platillos con un día de anticipación y recaliente al día siguiente para obtener un sabor aún más profundo.

POLLO CACCIATORE

Seque el pollo con una toalla de papel y sazone con sal y pimienta. En una sartén grande sobre fuego medio-alto, caliente 2 cucharadas de aceite de oliva. Trabajando en tandas, si fuera necesario, para evitar llenar demasiado la sartén, añada el pollo y dore de 4 a 5 minutos por todos lados. Pase a un tazón y reserve.

Agregue las 2 cucharadas restantes de aceite de oliva a la sartén. Añada las cebollas y saltee cerca de 5 minutos, hasta suavizar y dorar ligeramente. Añada los champiñones y pimientos y saltee de 3 a 4 minutos más, hasta que estén ligeramente suaves. Añada el ajo y cocine por 1 minuto más.

Vierta el vino tinto a la sartén. Hierva, raspando los trocitos dorados del fondo con una cuchara de madera. Agregue los jitomates con su jugo, pasta de tomate, perejil, albahaca y orégano. Sazone con sal y pimienta al gusto. Reduzca el fuego a medio-bajo y hierva ligeramente hasta que la salsa haya espesado un poco, cerca de 10 minutos. Agregue el pollo reservado junto con los jugos acumulados, tape y deje estofar cerca de 20 minutos hirviendo a fuego lento, hasta que el pollo esté completamente opaco. Añada el vinagre y las aceitunas, si lo desea, y cocine cerca de 3 minutos, hasta que las aceitunas estén calientes. Pruebe y rectifique la sazón. Sirva en tazones poco profundos precalentados.

Para Servir: Este estofado por lo general se acompaña con arroz.

RINDE 6 PORCIONES

6 mitades de pechuga de pollo, con piel y hueso, cerca de 250 g (½ lb) cada una

Sal y pimienta recién molida

4 cucharadas (60 ml/2 fl oz) de aceite de oliva

2 cebollas amarillas o blancas, en rebanadas delgadas

750 g (1½ lb) de champiñones, cepillados y rebanados

1 pimiento rojo y la misma cantidad de pimiento amarillo (capsicum), sin semillas, desvenados y en rebanadas delgadas

4 dientes de ajo, finamente picados

1½ taza (375 ml/12 fl oz) de vino tinto seco

1 lata de 875 g (28 oz) de jitomates en cubos, con jugo

1 cucharada de pasta de tomate

3 cucharadas de perejil liso (italiano) fresco picado

1 cucharadita de albahaca seca

1 cucharadita de orégano seco

1 cucharada de vinagre balsámico r

½ taza (75 g/2½ oz) de aceitunas Kalamata o negras, sin hueso (página 77), si lo desea

POLLO ESTOFADO CON TOMATILLOS Y CILANTRO

3 chiles Anaheim o poblanos (vea Nota)

1.750 kg (3½ lb) de piezas de pollo como mitades de pechuga, muslos y piernas

4 cucharadas (60 ml/2 fl oz) de aceite vegetal

1 cebolla grande amarilla o blanca, finamente picada

2 tazas (500 ml/16 fl oz) de caldo de pollo (página 112) o de consomé preparado

6 dientes de ajo, finamente picados

750 g (1½ lb) de tomatillos, sin piel y en cuarterones (vea explicación a la derecha)

3 cucharadas de cilantro fresco finamente picado, más algunas hojas enteras para adornar

½ cucharadita de comino molido

1 cucharada de jugo de limón fresco

Sal y pimienta recién molida

Tortillas calientes, para acompañar

Precaliente el asador del horno. Ponga los chiles en una charola para hornear y colóquela a 15 cm (6 in) de la fuente de calor y ase. Usando unas pinzas, voltee los chiles hasta que se quemen por todos lados. Pase a una bolsa de papel o plástico, cierre herméticamente y deje reposar 10 minutos. Retire la piel de los chiles, quite los tallos, semillas y venas (página 65) y píquelos finamente. Reserve.

Seque el pollo con una toalla de papel. En una sartén grande sobre fuego medio-alto, caliente 2 cucharadas del aceite. Trabajando en tandas para evitar que la sartén se llene demasiado, añada el pollo y dore de 4 a 5 minutos, por todos lados. Pase a un tazón y reserve.

Reduzca el fuego a medio y agregue las 2 cucharadas restantes de aceite. Añada la cebolla y saltee de 3 a 5 minutos, hasta suavizar. Integre el caldo de pollo, raspando los trocitos dorados del fondo de la sartén con una cuchara de madera.

Añada el ajo, chiles asados, tomatillos, cilantro picado y comino. Hierva, reduzca la temperatura. Ponga en la sartén el pollo y el jugo que se haya acumulado, tape y hierva lentamente, durante 20 minutos, volteando una vez, hasta que las piezas de pollo estén ligeramente cocidas y el jugo salga claro al picar un muslo con un cuchillo. (Las piezas más pequeñas se cocerán más rápido). Pase el pollo a un platón para servir y tape con papel aluminio.

Añada el jugo de limón a la sartén y cocine la salsa sobre fuego alto hasta reducirla y espesarla ligeramente. Sazone con sal y pimienta al gusto. Vierta la salsa sobre las piezas de pollo y adorne con las hojas de cilantro. Sirva con tortillas calientes.

Nota: Si desea un platillo menos picante use chiles Anaheim; para una versión más picante use los poblanos. Si no puede encontrar chiles frescos, puede usar de lata

RINDE 6 PORCIONES

TOMATILLOS

Los tomatillos pequeños, redondos y verdes parecen jitomates cereza no maduros; en México se conocen como tomates de milpa. (Los jitomates y los tomatillos son miembros de la familia Nightshade). Los tomatillos tienen un sabor ácido a hierba y se pueden usar para hacer salsa verde, sopas y guisados. Para retirar la cáscara, sujete el tomatillo bajo el chorro de agua tibia, quite la cáscara y enjuague el residuo pegajoso que cubre la piel.

CHULETAS DE PUERCO ESTOFADAS CON FRUTAS SECAS

En una olla pequeña, mezcle los chabacanos, arándanos, jugo de manzana y ½ taza (125 ml/4 fl oz) de agua. Hierva sobre fuego alto. Retire del fuego y deje que la fruta se suavice durante 10 minutos.

En una sartén grande sobre fuego medio-alto, derrita 2 cucharadas de la mantequilla. Añada los poros y saltee cerca de 5 minutos, hasta suavizar y dorar ligeramente. Agregue la pera y saltee de 2 a 3 minutos más, hasta cubrir. Añada las frutas secas suavizadas junto con el líquido en que se suavizaron y el caldo. Reduzca el fuego a medio y hierva lentamente. Cocine cerca de 5 minutos más, hasta que espese ligeramente. Sazone con sal y pimienta al gusto. Reserve la salsa.

En una sartén grande sobre fuego medio-alto, derrita la cucharada restante de la mantequilla con el aceite de oliva. Seque las chuletas de puerco con toallas de papel y sazone con sal y pimienta. Agregue a la sartén y cocine hasta dorar por el primer lado, cerca de 2 minutos. Voltee las chuletas y continúe cocinando por el segundo lado cerca de 2 minutos más, hasta dorar. Pase a un platón y cúbralas holgadamente con papel aluminio para mantenerlas calientes.

Vierta la grasa fuera de la sartén y deseche. Añada el brandy de manzana a la sartén y caliente sobre fuego medio, raspando con una cuchara de madera los trocitos dorados del fondo. Añada la salsa de fruta reservada y mostaza y hierva lentamente. Cocine cerca de 3 minutos, revolviendo, hasta que el alcohol se evapore. Pruebe y rectifique la sazón.

Regrese las chuletas de puerco a la sartén y cubra con la salsa. Reduzca el fuego a medio-bajo y deje estofar, tapado, volteando una vez hasta que el puerco esté totalmente cocido, cerca de 10 minutos en total. Adorne con el perejil y sirva inmediatamente en platos precalentados.

RINDE 6 PORCIONES

ESTOFADOS RÁPIDOS

El estofar es un proceso que consta de dos partes. Primero la carne se dora rápidamente para darle un buen color y añadir sabor a la salsa. Posteriormente se añade una pequeña cantidad de líquido y se tapa la sartén para retener el vapor. Cuando una carne suave es relativamente pequeña, como estas chuletas de puerco, el estofado se hace rápidamente. La carne queda húmeda y suave y el líquido sazonado y reducido del estofado contribuye al sabor intenso de la salsa.

1 taza (185 g/6 oz) de chabacanos secos, partidos en cubos

½ taza (60 g/2 oz) de arándanos secos

1 taza (250 ml/8 fl oz) de jugo de manzana

3 cucharadas de mantequilla sin sal

2 poros únicamente las partes blancas y verde pálido, limpios (página 13) y finamente picados

1 pera firme pero madura, sin piel ni corazón y cortada en cubos de 2.5 cm (1 in)

1 taza (250 ml/8 fl oz) de caldo de res o pollo (página 112) o de consomé preparado

Sal y pimienta recién molida

2 cucharadas de aceite de oliva

6 chuletas de puerco con hueso y cortadas del centro de la pieza, de 4 ó 5 cm (1½–2 in) de grueso

½ taza (125 ml/4 fl oz) de brandy de manzana

2 cucharaditas de mostaza de grano entero

2 cucharadas de perejil liso (italiano) fresco, finamente picado

BLANQUETTE DE TERNERA CON HONGOS SILVESTRES

1 rama pequeña de perejil liso (italiano) fresco, más lo necesario para adornar, picado

1 rama pequeña de tomillo fresco

1 hoja de laurel

1 diente de ajo, rebanados

1 cucharada de granos de pimienta

1.5 kg (3 lb) de paletilla de ternera o trozos de ternera para guisar, cortada en piezas de 5 cm (2 in)

4 tazas (1 l/32 fl oz) de caldo de pollo (página 112) o consomé preparado de ternera o pollo

1 cebolla amarilla o blanca, cortada en cuarterones

Sal y pimienta recién molida

250 g (½ lb) de cebollas perla o cebollitas de cambray, blanqueadas y sin piel (página 18) o cebollas perla precocidas, congeladas, descongeladas

3 cucharadas de mantequilla sin sal

185 g (6 oz) de hongos chanterelle u otros hongos silvestres frescos

1 cucharada de harina de trigo (simple)

¼ taza (60 ml/2 fl oz) de crema espesa (doble)

Haga un manojo con la rama de perejil, tomillo, hoja de laurel, ajo y los granos de pimienta, cubra con un trozo de manta de cielo (muselina) y amarre con hilo de cocina para hacer un bouquet garni (vea explicación a la derecha). En una olla grande, mezcle la ternera, caldo, cuarterones de cebolla, ajo, bouquet garni, y sal y pimienta al gusto. Hierva sobre fuego alto, reduzca la temperatura, tape y cocine suavemente cerca de 1¼ hora, hasta que la ternera esté suave. Deseche el bouquet garni y los cuarterones de cebolla.

Añada las cebollas perla a la sartén y hierva de 10 a 15 minutos más, hasta que estén suaves. Usando una cuchara ranurada, pase la ternera y las cebollas a un tazón. Hierva el líquido de cocimiento sobre fuego alto y cocine cerca de 10 minutos, hasta que se reduzca a cerca de 2 tazas (500 ml/16 fl oz).

Mientras tanto, en una sartén sobre fuego medio, derrita 2 cucharadas de la mantequilla. Añada los hongos y la sal y pimienta al gusto y saltee cerca de 5 minutos, hasta suavizar. Reserve.

En un tazón pequeño, haga un puré con la cucharada restante de mantequilla y la harina, mezclando hasta obtener una pasta suave. Integre gradualmente la mezcla de la mantequilla al caldo, poco a poco. Cuando toda la mezcla se haya integrado, hierva a fuego lento cerca de 2 minutos más, hasta espesar ligeramente, revolviendo con frecuencia.

Regrese la ternera y las cebollas perla a la salsa y añada los hongos. Hierva a fuego lento durante 2 minutos para permitir que los sabores se mezclen. Agregue la crema y dé un hervor ligero. Pruebe y rectifique la sazón.

Sirva en los tazones precalentados y adorne con el perejil.

Para Servir: Sirva sobre arroz blanco al vapor o acompañe con puré de papas.

RINDE 6 PORCIONES

BOUQUET GARNI

Típicamente hecho con perejil, tomillo y hojas de laurel, este manojo de hierbas aromáticas se añade frecuentemente a las sopas y a los guisados franceses. Se pueden añadir granos de pimienta para dar un toque discreto al platillo terminado. Las hierbas se atan juntas o se envuelven en manta de cielo para retirarlas fácilmente al terminar la cocción. Para hacer el bouquet garni, ponga las hierbas y los granos de pimienta en el centro de un cuadro pequeño de manta de cielo, junte las esquinas y amarre bien con hilo de cocina.

COSTILLITAS ESTOFADAS CON CERVEZA

Precaliente el horno a 165ºC (325ºF).

Seque las chuletas con toallas de papel y sazone con sal y pimienta. En una sartén grande sobre fuego medio-alto, caliente 2 cucharadas del aceite. Trabajando en tandas para evitar que la sartén se llene demasiado, agregue las chuletas y dore por todos lados de 7 a 10 minutos por cada tanda. Usando una cuchara ranurada, retire cada tanda cuando esté lista y escurra brevemente sobre toallas de papel; coloque en una olla grande y gruesa para hornear u horno holandés.

En la misma sartén sobre fuego medio-alto, caliente la cucharada restante del aceite. Agregue las cebollas y saltee de 7 a 10 minutos hasta dorar, moviendo frecuentemente para que se doren pero vigilando que no se quemen. Añada las zanahorias y saltee de 2 a 3 minutos más, hasta suavizar. Agregue el ajo y cocine 1 minuto más. Añada los jitomates, cerveza y mostaza. Sazone con sal y pimienta al gusto. Suba el fuego a alto y hierva durante 1 minuto para integrar los sabores. Vierta la salsa de tomate sobre las costillitas y mezcle para incorporar.

Hornee, tapado, de 2¼ a 3 horas, hasta que la carne esté muy suave, volteando las costillitas cada 45 minutos durante el tiempo de cocción. Pruebe y rectifique la sazón.

Pase las costillitas a un platón de servicio, cubra con la salsa y sirva inmediatamente.

Nota: Este platillo es aún mejor cuando se hace el día anterior. Refrigere toda la noche, retire la capa de grasa con una cuchara grande o una espátula y recaliente las costillitas suavemente.

Para Servir: Estas costillitas se acompañan a la perfección con puré de papas

RINDE 6 PORCIONES

COSTILLITAS

Las costillitas se cortan típicamente del trozo de lomo en secciones de 7.5 cm (3 in). Con hueso o sin hueso, las costillitas son grasosas y tienen mucho sabor, lo cual las convierte en una buena opción para los guisados y estofados. Las costillitas han resurgido en los menús de los restaurantes hoy en día en la actualidad. Los comensales han redescubierto su sabor hogareño y reconfortante, así como su suculenta textura. Tienden a encogerse cuando se estofan y esto facilita el separar la carne de los huesos al servir. Un cocimiento largo y lento desbarata el tejido fibroso dejando la carne suave y jugosa, lo cual permite partirla con un tenedor.

2.5 kg (5 lb) de costillitas de carne magra de res, cortadas en piezas de 7.5 cm (3 in)

Sal y pimienta recién molida

3 cucharadas de aceite vegetal

3 cebollas amarillas o blancas grandes, rebanadas grueso

4 zanahorias, sin piel y cortadas en rebanadas de 12 mm (½ in)

4 dientes de ajo, finamente picados

1 taza (250 g/8 oz) de jitomates de lata, machacados

1½ taza (375 ml/12 fl oz) de cerveza de buena calidad

1 cucharadita de mostaza Dijon

STROGANOFF DE CARNE

3 cucharadas de aceite de oliva

750 g (1½ lb) de filete de sirloin, cortado en tiras delgadas de 2.5 cm (1 in) de ancho y 5 cm (2 in) de largo

Sal y pimienta recién molida

3 cucharadas de mantequilla sin sal

3 poros, únicamente las partes blancas y verde pálido, limpios (página 13) y finamente picados

500 g (1 lb) de hongos cremini, cepillados y rebanados

1 cucharada de pasta o puré de tomate

2 cucharadas de harina de trigo (simple)

2¼ tazas (560 ml/18 fl oz) de caldo de res (página 112) o de consomé preparado

⅓ taza (90 g/3 oz) crème fraîche (vea explicación a la derecha)

2 cucharaditas de mostaza Dijon

2 cucharaditas de jugo de limón fresco

Perejil liso (italiano) fresco, para adornar, finamente picado

En una sartén grande sobre fuego alto, caliente 1 cucharada de aceite de oliva. Seque la carne con toallas de papel y sazone con sal y pimienta. Añada la mitad de las tiras de carne, asegurándose de no llenar demasiado la sartén, y saltee cerca de 1 minuto por cada lado, hasta dorar pero que quedé todavía un poco rosada por ambos lados. Pase a un tazón. Repita la operación con otra cucharada de aceite de oliva y la carne restante.

En la misma sartén sobre fuego medio, derrita la mantequilla con la cucharada de aceite de oliva restante. Añada los poros y saltee cerca de 5 minutos, hasta suavizar y dorar ligeramente. Agregue los hongos y saltee cerca de 5 minutos más, hasta dorar ligeramente. Sazone con sal y pimienta al gusto.

Integre la pasta de tomate y cocine cerca de 1 minuto, hasta incorporar por completo. Espolvoree la harina sobre las verduras y mezcle hasta incorporar. Suba el fuego a alto, añada el caldo y hierva, raspando los trocitos dorados del fondo de la sartén con una cuchara de madera. Deje hervir 1 minuto, reduzca el fuego a medio. Añada la crème fraîche, mostaza y jugo de limón, y cocine durante 1 minuto más para permitir que se mezclen los sabores. Pruebe y rectifique la sazón. Regrese a la sartén la carne y el jugo que se haya acumulado y cocine cerca de 2 minutos, hasta que la carne esté totalmente caliente. Adorne con el perejil y sirva de inmediato.

Para Servir: Aunque técnicamente el Stroganoff no es un estofado, tiene una consistencia similar cuando está recién hecho. Tradicionalmente se sirve sobre una cama de tallarines anchos.

RINDE 6 PORCIONES

CRÈME FRAÎCHE

La Crème Fraîche es similar a la crema ácida pero más suave y dulce, con un toque a nuez. A diferencia de la crema ácida, puede hervir en las salsas sin cortarse. Busque la crème fraîche en los supermercados bien surtidos o en tiendas de alimentos gourmet. Para preparar la suya propia, mezcle 1 taza (250 ml/8 fl oz) de crema espesa no ultra pasteurizada y 1 cucharada de suero de leche en una olla y caliente sobre fuego medio-bajo hasta entibiar. Vierta en un tazón, tape ligeramente y deje reposar a temperatura ambiente de 8 a 48 horas o más, hasta que se espese. Refrigere antes de usarla.

ESTOFADO DE COLA DE RES CON ACEITUNAS

En una olla grande para sopa sobre fuego medio, caliente el aceite de oliva. Seque la cola de res con toallas de papel y sazone con sal y pimienta. Trabajando en tandas para evitar que la olla se llene demasiado, añada la carne y dore por todos lados, de 4 a 5 minutos por tanda. Pase a un tazón y reserve.

Agregue la cebolla, zanahorias y tocino a la grasa que quedó en la olla y saltee sobre fuego medio cerca de 10 minutos, hasta que las cebollas estén suaves y el tocino esté ligeramente dorado. Añada el ajo y cocine 1 minuto más. Vuelva a colocar en la olla la cola de res y el jugo acumulado. Agregue el caldo, vino, jitomates con su jugo, hoja de laurel, tomillo, pasta de anchoas y sal y pimienta al gusto. Eleve la temperatura y hierva. Reduzca la temperatura y hierva a fuego lento cerca de 3 horas, hasta que la cola de res esté muy suave y la carne se separe del hueso fácilmente; usando una cuchara ranurada o desnatador retire ocasionalmente la espuma que se forme en la superficie.

Añada las aceitunas y el vinagre y cocine durante 1 minuto para dejar que se mezclen los sabores. Deseche la hoja de laurel. Pruebe y rectifique la sazón. Retire la grasa de la superficie. Pase a un tazón de servir y adorne con el perejil. Sirva inmediatamente o refrigere toda la noche, retire la grasa de la superficie, y recaliente antes de servir al día siguiente.

RINDE DE 4 A 6 PORCIONES

COLA DE RES

Hoy en día se usa cola de res de buey joven y no de buey adulto. Generalmente se vende rebanada transversalmente en porciones de 5 cm (2 in). Al igual que las costillitas, la cola de res está experimentando un resurgimiento ya que mucha gente la aprecia como una comida tradicional reconfortante. Un cocimiento largo y lento suaviza la carne y suelta la gelatina de los huesos, dándole al guisado un extraordinario sabor. Ya que la carne tiende a ser grasosa, prepare este platillo con un día de anticipación para que pueda retirar la grasa cuajada de la superficie antes de recalentar y servir.

2 cucharadas de aceite de oliva

2 kg (4 lb) de cola de res, limpia y cortada por el carnicero en trozos de 5 cm (2 in)

Sal y pimienta recién molida

1 cebolla grande amarilla o blanca, rebanada

2 zanahorias, sin piel y en rebanadas delgadas

125 g (¼ lb) de tocino rebanado grueso, cortado en tiras de 6 mm (¼ in) de ancho

3 dientes de ajo, finamente picados

3 tazas (750 ml/24 fl oz) de caldo de res (página 112) o de consomé preparado

2 tazas (500 ml/16 fl oz) de vino blanco seco

1 lata de 455 g (14½ oz) de jitomates en cubos, con su jugo

1 hoja de laurel

½ cucharadita de tomillo seco

1 cucharadita de pasta de anchoas

1 taza (155 g/5 oz) de aceitunas Kalamata o negras, sin hueso (página 77)

2 cucharadas de vinagre de vino tinto

2 cucharadas de perejil liso (italiano) fresco, finamente picado

TEMAS BÁSICOS SOBRE SOPAS Y GUISADOS

Una olla de sopa o guisado, que hierve a fuego lento sobre la estufa, perfuma la casa con la promesa de una comida casera reconfortante. Desde un elegante primer platillo hasta una cena completa para algún día de la semana, estos platillos nos traen los sabores de los ingredientes de temporada o aquellos sabores que se encuentran en la despensa en cualquier época el año. Las sopas, guisados y estofados son muy versátiles y se aprende a hacerlos fácilmente. Las sopas tienen la mayor cantidad de líquido, seguidas por los guisados. Los estofados reducen el líquido todavía más, envolviendo piezas más grandes de carne, pollo o pescado con únicamente el líquido suficiente para producir un platillo húmedo y suave en una salsa reducida con mucho sabor.

HACIENDO SOPA

Las sopas representan distintos "papeles" en la mesa del comedor. Una cremosa e invernal bisque de calabaza y manzana puede ser un impresionante primer plato para una cena de las fiestas decembrinas, mientras que una olla completa de sopa de chícharo se convierte en una cena acogedora para una noche de invierno. La vichyssoise despierta el apetito en el verano, y un tazón de sopa de arroz y pollo, es quizás el platillo reconfortante por excelencia.

HACIENDO CALDO

Un caldo sabroso bien hecho es la base de una buena sopa, convirtiendo la receta más sencilla en una comida memorable. La base de un caldo es agua hirviendo con carne, pollo o pescado y sus huesos o cáscaras. Los caldos ligeros pueden hacerse solamente de verduras. Los caldos generalmente se sazonan con hierbas y verduras aromáticas como cebollas, apio, ajo, hierbas y especias, las cuales generalmente incluyen hojas de laurel, perejil y granos de pimienta. Piezas de carne económicas, como los huesos carnosos de res, los muslos de pollo y huesos de pescuezo, son las mejores opciones para hacer caldo, ya que el largo hervor hace que suelten su rico sabor y gelatina natural.

Únicamente requiere un poco de planeación poder tener un congelador lleno de caldo listo para usarse. Mientras cocina durante la semana, guarde los huesos, retazos y cáscaras de mariscos en bolsas de plástico cerradas herméticamente y congele (los caparazones de langosta, camarón y cangrejo son particularmente buenos para hacer caldos de mariscos). Cuando haya reunido la cantidad suficiente para hacer una olla entera, solamente necesitará alrededor de 20 minutos de trabajo activo para preparar su caldo.

Siempre deje que el caldo se enfríe a temperatura ambiente antes de pasarlo al refrigerador o al congelador.

Se puede guardar tapado en el refrigerador hasta por 3 días. De otra manera, divídalo en porciones de 2 a 4 tazas (500 ml a 1 l/16–32 fl oz), vierta en recipientes de plástico y guarde en el congelador hasta por 3 meses. Recuerde que los líquidos se expanden ligeramente cuando se congelan, por lo que debe dejar un espacio libre en la parte superior del recipiente.

USANDO CONSOMÉ PREPARADO

Por supuesto que hay momentos en que hacer su caldo no es una opción. Si va a comprar caldo preparado, generalmente etiquetado como "consomé", escoja una marca de alta calidad ya sea enlatado, concentrado o congelado. Lea los ingredientes y trate de encontrar la marca hecha con carne, pollo y verduras auténticas, en vez de aquellos hechos principalmente con sal, grasa y sazonadores químicos. El consomé enlatado puede ser extremadamente salado; para obtener mejores resultados, busque las marcas con bajo contenido de sodio.

Puede también "curar" el consomé enlatado, hirviéndolo a fuego lento con una cebolla partida en cuarterones, una zanahoria a la mitad, un tallo de apio y hierbas frescas. Recientemente, gran cantidad de las tiendas gourmet han empezado a vender consomé hecho en casa, lo cual es una buena opción. El jugo de almeja embotellado puede sustituir al caldo de pescado. Cuando use consomé preparado, siempre añada sal con prudencia y recrifique la sazón.

HACIENDO PURÉ

A una sopa hecha puré parcial o completamente, se le puede dar una textura robusta o una consistencia suave. En muchas de las recetas de este libro se pide que así se haga.

Los diferentes ingredientes proveen a la sopa la textura necesaria para convertirse en puré: verduras de raíz como papa o zanahorias; calabacitas; jitomates; migas de pan; o granos cocinados como arroz o elotes.

USANDO UNA LICUADORA

Las sopas se hacen puré en la licuadora de manera rápida y sencilla. Se puede moler un volumen mayor de líquido que en un procesador de alimentos y algunas veces son más adecuadas para hacer puré que los procesadores de alimentos debido a que pueden moler mejor las fibras que se encuentran en algunas verduras. Cuando use una licuadora, trabaje en tandas pequeñas y empiece en la velocidad más baja. Gradualmente aumente la velocidad hasta que obtenga la consistencia deseada. Siempre sujete la tapa para evitar que salpique el líquido caliente.

USANDO UNA BATIDORA DE INMERSIÓN

Las batidoras de inmersión tienen una navaja que se puede bajar directamente en una olla, licuando grandes cantidades de sopa a la vez sin ensuciar. También tienden a incorporar más aire al líquido y se pueden usar para hacer espuma en sopas cremosas. Sumerja la navaja completamente antes de encender la licuadora para evitar salpicaduras.

USANDO UN MOLINILLO

Un molinillo con palanca de mano le da a la sopa consistencia de puré al presionar los ingredientes para que pasen a través de un disco cónico perforado, el cual funciona como un colador, desechando fibras, piel y semillas de las verduras como espárragos, elote y jitomates. Los molinillos tienden a dar una textura más uniforme que los procesadores de alimentos. La mayoría de los molinillos vienen con discos medianos y finos, ofreciendo al cocinero la elección entre un puré molido grueso o fino.

USANDO UN PROCESADOR DE ALIMENTOS

Las sopas se convierten en puré casi instantáneamente al usar un procesador de alimentos. Primero, ponga la navaja de metal. Con un cucharón pase una pequeña cantidad de los alimentos sólidos cocinados y un poco del líquido al tazón del procesador, teniendo cuidado de no sobrepasar el límite. Cierre y pulse la máquina varias veces hasta obtener la consistencia deseada del puré. Haga las sopas calientes en tandas pequeñas para evitar salpicaduras.

Cuando use un procesador de alimentos para moler las sopas y hacer puré, quizás necesite colarla para desechar fibras, pieles o semillas. Deséchelas pasando el puré por un colador sobre un tazón grande. Usando el revés de una cuchara, presione el puré a través de un colador, desechando cualquier alimento sólido que haya quedado atrapado en el colador de alambre. Repita la operación en tandas pequeñas con el puré restante. Mezcle para darle al puré una consistencia uniforme y vuelva a poner en la olla para recalentar si fuera necesario.

HACIENDO UN GUISADO

Los guisados son la parte esencial de muchas cocinas del mundo y con buena razón: son deliciosos y versátiles, convirtiendo trozos de carne duros pero sabrosos, en trozos tan suaves que se cortan con un tenedor, o combinando una variedad de pescado y mariscos en un platillo aromático lleno de la esencia del mar. Los frijoles y granos se pueden usar para hacer guisados sabrosos y completos sin carne, sazonados con distintos sabores. Usando menos líquido que una sopa, pero más que un estofado, los guisados cubren sus trozos pequeños de carne, pescado o verduras, con un caldo suculento parecido a una salsa, que generalmente se cocina por un largo tiempo para incorporar todos los sabores y suavizar la carne.

Los guisados se pueden cocinar sobre la estufa o dentro del horno siempre y cuando la temperatura se pueda regular y el guisado se mantenga en un lento hervor. Siempre use una olla gruesa con tapa, como un horno holandés de fierro, para asegurar un cocimiento lento y uniforme de los guisados sin quemarlos. Las verduras que se cocinan rápido, como los chícharos o las hierbas de olor de hojas frescas como albahaca o cilantro, pueden añadirse al final del cocimiento para conservar su color y sabor.

CORTES DE CARNE PARA LOS GUISADOS

Al escoger un corte de carne para guisar lo que se debe buscar es el sabor en vez de la suavidad. El cocimiento lento suavizará cualquier tejido o fibra dura. Aunque por lo general se usa carne sin hueso, la carne con hueso es también una opción. Los huesos le darán sabor al guisado y se pueden retirar después de la cocción. El cuete de res o lomo son los mejores cortes para un guisado de res, mientras que el hombro o la pierna de cordero se usa frecuentemente para los guisados de cordero.

Aunque los supermercados venden paquetes de carne precortada para guisados, se obtiene carne de mejor calidad si se compra un corte entero de carne y se pide al carnicero que lo corte en trozos, o hágalo usted mismo. Para un guisado de aves, los muslos de pollo y las piernas de pato son buenas elecciones para guisar; su fuerte sabor y suculenta textura se adaptan bien al cocimiento lento. Los guisados de mariscos generalmente usan una combinación de mariscos como camarones, mejillones y cangrejo y/o un pescado de carne blanca y firme como robalo o halibut.

DESGLASEANDO

Las recetas de guisados y estofados generalmente requieren que la carne se dore en tandas antes de ser cocinada en el líquido; este paso aumentará el color y sabor al platillo terminado. Desglasear, una técnica clásica francesa, requiere raspar los deliciosos trocitos dorados del fondo de la sartén después de saltear. Para desglasear, añada una pequeña cantidad de líquido ya sea vino, caldo o vinagre a la sartén y hierva sobre fuego alto. Mientras hierve el líquido, raspe el fondo de la sartén con una cuchara de madera para despegar cualquier trocito dorado que haya quedado pegado al fondo. Continúe cocinando para reducir el líquido y añadir así un nivel de complejidad al aroma del guisado.

OTRAS TÉCNICAS

HACIENDO UN ROUX

Hecho con harina integrada en mantequilla derretida o aceite caliente, el roux proporciona profundidad al sabor además de una consistencia más espesa a la sopa o guisado. Para hacer un roux, derrita la mantequilla o caliente el aceite sobre fuego medio. Integre la harina, poco a poco, moviendo constantemente con un batidor hasta que quede del color deseado. El roux debe cocinarse el tiempo suficiente para que la harina pierda su sabor crudo teniendo cuidado de que no se queme (generalmente de 3 a 4 minutos para un roux claro y de 5 a 7 minutos para un roux oscuro). Cuando se le agrega el

caldo, se obtiene un líquido espeso que se llama velouté. El roux y el velouté son la columna vertebral de varias sopas y guisados tradicionales de Europa.

REMOJANDO FRIJOLES

Antes de remojar frijoles, seleccione los mejores y retire cualquier piedrita o basura. Sumerja los frijoles en agua fría, retirando aquellos que floten en la superficie. Escurra y enjuague. Ponga los frijoles en un recipiente grande y añada suficiente agua fría para cubrirlos y rebasar por varios centímetros. Deje remojar a temperatura ambiente durante por lo menos 4 horas o por toda la noche.

También se puede usar el método rápido: ponga los frijoles en una olla profunda, cubra con agua rebasando por varios centímetros y hierva. Retire la olla del fuego, tape y deje reposar cerca de una hora.

RETIRANDO LA PIEL Y SEMILLAS A LOS JITOMATES

Corte una cruz poco profunda en la punta de floración de cada jitomate. Hierva agua en una olla. Sumerja los jitomates en el agua de 15 a 30 segundos, en tandas si fuera necesario, hasta que la piel se empiece a arrugar (si los jitomates están muy firmes y todavía no están maduros se necesitará más tiempo). Saque los jitomates con un colador o una cuchara ranurada y deje enfriar. Quite la piel y deseche. Corte cada jitomate a la mitad y apriételo ligeramente o sacúdalo para retirar las semillas.

LIMPIANDO MEJILLONES

Para limpiar mejillones, retire la suciedad de las conchas tallando con un cepillo de cuerdas duras. Retire las barbas (el pequeño grupo de fibras que usa el mejillón para adherirse a las rocas) cortándolas o raspándolas usando un cuchillo o unas tijeras, (al retirar las barbas se muere el mejillón. Por lo tanto, retírelas únicamente una hora antes de cocinarlos). Siempre deseche los mejillones que se sientan muy ligeros o que no se cierren al tacto, ya que probablemente estarán muertos y pueden estar llenos de arena o suciedad. Después de cocinarlos, retire cualquier mejillón que no se haya abierto.

TRABAJANDO CON PEPINOS

Los pepinos son las verduras suaves, delgadas y verde oscuro que encontramos en las ensaladas o en los platones de verduras crudas y como adorno en los platones fríos. Hay dos variedades: los que se cultivan en las granjas y los que se cultivan en invernaderos. Los pepinos de granja deben tener de 20 a 25 cm (8-10 in) de largo y de 2.5 a 4 cm (1-1½ in) de diámetro, y están generalmente encerados. Si es posible, no compre pepinos encerados, ya que se les debe quitar la piel y con la piel se les va la vitamina A. Los pepinos de invernadero miden generalmente de 30 a 40 cm (12-16 in) de largo. Tienden a ser menos amargos y tienen una piel delgada. Prácticamente no tienen semillas.

Cuando use pepinos en una sopa fría, retire la piel con un pelador de verduras, corte el pepino a la mitad a lo largo. Usando una cuchara de bola para melón o una cuchara normal, retire las semillas y la pulpa de alrededor y rebane transversalmente en trozos del grosor deseado.

HACIENDO ESTOFADOS

Estofar es una técnica suave, de cocimiento húmedo, que se puede aplicar a cualquier carne o verdura, aunque se usa más frecuentemente para los cortes grandes de carne o para carne más dura (o para cortes pequeños con hueso). Se inicia dorando los alimentos, dándoles sabor y a continuación se lleva a cabo un cocimiento largo y lento sobre fuego bajo en una pequeña cantidad de líquido, que muchas veces es vino o caldo y que no llega a cubrir más de la mitad de los lados de los alimentos. Frecuentemente se añaden algunas verduras aromáticas cortadas en cubos como cebolla, zanahoria y apio al principio del proceso de estofado para agregar sabor.

Ya que los estofados generalmente usan un sólo corte de carne y no requieren demasiada atención durante su proceso ni en el último minuto, son una buena elección para recibir invitados. La mejor opción para hacer los estofados es un horno grande holandés o alguna otra olla grande y gruesa con tapa o una cacerola, ya que se puede dorar, cocer y servir el estofado en el mismo recipiente, sin preocuparse de quemar el fondo.

En la página opuesta, se muestran los pasos básicos para estofar carne:

1 Enharinando y dorando la carne: Espolvorear la carne con harina sazonada con sal y pimienta ayuda a dorar y hace que la salsa quede más espesa y con más sabor. Espolvoree la carne con la harina sazonada, ya sea en un tazón grande o en una bolsa de plástico cerrada herméticamente. Añada la carne en tandas a una sartén con aceite caliente y dore por todos lados; no llene demasiado la sartén, o la carne despedirá vapor en lugar de dorarse.

2 Desglaseando: Al desglasear se desprenden los sabrosos trocitos cocidos del fondo de la sartén que quedan después de haber dorado. Retire la carne y añada a la sartén una pequeña cantidad de vino, caldo u otro líquido. Hierva a fuego lento y raspe los residuos del fondo de la sartén con una cuchara de madera.

3 Añadiendo líquido: Añada el líquido (generalmente una combinación de caldo y vino sazonado con especias y hierbas de olor) a la sartén, usando únicamente la cantidad suficiente para cubrir una tercera parte o la mitad de los lados de la carne. Esta pequeña cantidad de líquido hace que el estofado se cueza lentamente en una mezcla de vapor y sus propios jugos, también evita que se queme o se pegue a la sartén. El voltear la carne una vez durante el cocimiento ayuda a que todos los lados se cocinen uniformemente.

4 Reduciendo la salsa: Si el líquido de cocimiento se ve delgado o aguado cuando haya terminado de estofar la carne, retire ésta de la sartén, hierva el líquido sobre fuego alto y déjelo concentrarse hasta obtener la consistencia de una salsa.

RECETAS BÁSICAS

Éstas son algunas de las preparaciones básicas que forman una parte integral de las recetas de esta colección

CALDO DE POLLO

4 ramas de perejil liso (italiano) fresco

1 rama de tomillo fresco

1 hoja de laurel

3 kg (6 lb) de pescuezos y rabadillas de pollo

3 tallos de apio, partidos a la mitad

3 zanahorias, sin piel y partidas a la mitad

2 cebollas amarillas o blancas, partidas a la mitad

2 poros, únicamente las partes blancas y verdes, limpias (página 13) y rebanadas

Sal y pimienta recién molida

Envuelva el perejil, tomillo y hoja de laurel en un trozo de manta de cielo (muselina) y amárrelo con hilo de cocina para hacer un bouquet garni.

En una olla grande, mezcle el bouquet garni, pollo, apio, zanahorias, cebolla y poros. Añada la cantidad de agua fría necesaria para cubrir los ingredientes (cerca de 14 tazas/3.5 l). Hierva lentamente sobre fuego medio. Reduzca la temperatura al mínimo y deje hervir, sin tapar, durante 3 horas, retirando la espuma que suba a la superficie. Rectifique la sazón con sal y pimienta.

Usando un colador de malla fina, cuele el caldo sobre un tazón. Deje enfriar. Vierta en recipientes herméticos y refrigere mínimo durante 30 minutos o por toda la noche. Retire la grasa solidificada en la superficie y deseche. Refrigere por 3 días o congele hasta por 3 meses. Rinde cerca de 3 l (3 qt).

CALDO DE CARNE

3 kg (6 lb) de huesos de pierna de res o ternera con algo de carne, cortados por el carnicero en trozos de 7.5 cm (3 in) de largo

2 cebollas amarillas o blancas, picadas grueso

4 ramas de perejil liso (italiano) fresco

1 rama de tomillo fresco

1 hoja de laurel

2 zanahorias, sin piel y picadas grueso

1 tallo de apio, picado grueso

Sal y pimienta recién molida

Precaliente el horno a 220°C (425°F). Coloque los huesos y las cebollas en una sartén ligeramente aceitada y ase de 35 a 40 minutos, hasta que estén dorados.

En un trozo de manta de cielo (muselina) envuelva el perejil, tomillo y hoja de laurel y amárrelo con hilo de cocina para hacer un bouquet garni.

En una olla grande, mezcle los huesos, cebollas, zanahorias, apio, bouquet garni y 8 l (8 qt) de agua y hierva sobre fuego alto. Reduzca la temperatura y retire la espuma de la superficie. Hierva a fuego lento, sin tapar, mínimo durante 3 horas o hasta por 6 horas. Rectifique la sazón con sal y pimienta.

Usando un colador de malla fina, cuele el caldo sobre otro recipiente y deseche los sólidos. Deje enfriar. Tape y refrigere hasta que la grasa solidifique. Deseche la grasa cuajada. Vierta en recipientes herméticos y refrigere hasta por 3 días o congele hasta por 3 meses. Rinde cerca de 5 l (5 qt).

CALDO DE VERDURAS

2 cebollas amarillas o blancas, picadas grueso

2 poros, únicamente las partes blancas y verdes, limpios (página 13) y rebanados

4 tallos de apio con hojas, picados

4 zanahorias, sin piel y picadas grueso

1 papa roja, en cubos

125 g (¼ lb) de hongos, en cuarterones

6 dientes de ajo

8 tallos de perejil liso (italiano) fresco

2 hojas de laurel

8 granos de pimienta entera

Sal

En una olla grande mezcle las cebollas, poros, apio, zanahorias, papas, hongos, ajo, perejil, hoja de laurel y granos de pimienta. Añada suficiente agua fría únicamente a cubrir los ingredientes (cerca de 10 tazas/2.5 l). Hierva sobre fuego alto, reduzca el fuego a medio-bajo y deje hervir suavemente, sin tapar, durante 1½ hora usando una cuchara para quitar frecuentemente la espuma que sube a la superficie. Rectifique la sazón con sal.

Usando un colador de malla fina, cuele el caldo sobre un tazón grande. Presione las verduras con el revés de una cuchara para extraer lo más que se pueda de sabor. Deje que el caldo se enfríe a temperatura ambiente. Vierta en recipientes herméticos y refrigere hasta por 3 días o congele hasta por 3 meses. Rinde cerca de 2 l (2 qt).

CALDO DE PESCADO

4 ramas de perejil liso (italiano) fresco

1 rama de tomillo fresco

1 hoja de laurel

¼ taza (60 ml/2 fl oz) de aceite de oliva extra virgen

1 cebolla amarilla o blanca, picada grueso

1 zanahoria, sin piel y picada grueso

2 tallos de apio, picados grueso

½ taza (125 ml/4 fl oz) de vino blanco seco

4 l (4 qt) de agua

1 kg (2 lb) de cabezas y huesos de pescado blanco

En un trozo de manta de cielo (muselina) envuelva el perejil, tomillo y hoja de laurel y amárrelo con hilo de cocina para hacer un bouquet garni.

En una olla grande sobre fuego medio, caliente el aceite de oliva. Añada la cebolla, zanahoria y apio y saltee hasta suavizar de 4 a 5 minutos. Agregue el vino y desglase la olla moviendo para raspar los trocitos sazonados del fondo. Eleve la temperatura a medio-alta y cocine hasta que el vino se evapore por completo. Añada el agua, las cabezas y huesos de pescado y el bouquet garni y hierva. Reduzca la temperatura y hierva a fuego lento durante 30 minutos, sin tapar.

Usando un colador de malla fina, cuele el caldo sobre otro recipiente y deseche los sólidos. Deje enfriar. Vierta en recipientes herméticos y refrigere hasta por 2 días o congele hasta por 2 meses. Rinde cerca de 3 l (3 qt).

PAN TOSTADO AL AJO

De 6 a 8 rebanadas de pan baguette estilo francés o italiano, de 12 mm (½ in) de grueso

Aceite de oliva para barnizar

1 ó 2 dientes de ajo, partidos a la mitad

Precaliente el horno a 190°C (375°F). Acomode las rebanadas de pan en una sola capa sobre la charola para hornear. Barnice con aceite de oliva. Hornee de 5 a 7 minutos hasta dorar, vigilando que no se quemen. Retire del horno y unte cada tostada con el lado cortado de un diente de ajo. Rinde de 6 a 8 tostadas.

PESTO DE ALBAHACA

2 dientes de ajo, partidos a la mitad

2 tazas (60 g/2 oz) compactas de hojas de albahaca fresca, picadas si se usa un mortero y su mano o molcajete

½ taza (15 g/½ oz) de hojas de perejil liso (italiano) fresco

2 cucharadas de piñones

½ taza (125 ml/4 fl oz) de aceite de oliva extra virgen

¾ taza (90 g/3 oz) de queso Parmesano recién rallado

Sal y pimienta recién molida

En un procesador de alimentos o con un mortero y su mano, procese o muela el ajo hasta formar una pasta gruesa. Añada la albahaca, perejil, piñones y aceite de oliva y procese o muela hasta formar una pasta gruesa. Integre el queso y sazone con sal y pimienta al gusto. Rinde cerca de 1½ taza (375 ml/12 fl oz).

MAYONESA HECHA EN CASA

1 huevo

1 cucharadita de mostaza Dijon

1 cucharadita de jugo de limón fresco o de vinagre de vino blanco

Sal y pimienta recién molida

¾ taza (180 ml/6 fl oz) de aceite de canola o vegetal

¾ taza (180 ml/6 fl oz) de aceite de oliva

Ponga el huevo entero, sin romper, en un tazón con agua caliente durante 3 minutos para entibiarlo. En una licuadora o procesador de alimentos, mezcle el huevo, mostaza, jugo de limón, ½ cucharadita de sal y ¼ cucharadita de pimienta. En una jarra de vidrio mezcle el aceite de canola y el de oliva. Con la licuadora o procesador encendido vierta lentamente el chorrito de los aceites combinados (deberá tardar por lo menos 1 minuto) para hacer una mayonesa espesa. Integre 1 cucharada de agua caliente. Rinde cerca de 1¾ taza (430 ml/14 fl oz).

GLOSARIO

ACEITE DE AJONJOLÍ, OSCURO El aceite oscuro de ajonjolí asiático tiene un color ámbar profundo y su rico sabor recuerda a las semillas tostadas de ajonjolí. Debido a su fuerte sabor, debe usarse en pequeñas cantidades. No lo confunda con el aceite de semillas de ajonjolí prensado de color claro que se vende en las tiendas naturistas.

ALBAHACA TAI En Tailandia, la albahaca se combina generalmente con menta fresca para sazonar los sofritos y los curris. La albahaca tai más popular tiene hojas de color verde oscuro matizadas con púrpura y un sabor a regaliz que la distingue de la albahaca de occidente.

CAJÚN, CONDIMENTO La combinación del condimento estilo Cajún es una mezcla preparada de especias, por lo general una combinación de pimienta de cayena, páprika, polvo de chile, cebolla en polvo, clavos de olor y especias secas. Se consigue en la mayoría de los supermercados.

CARVIS Es la semilla de un miembro de la familia del perejil y tiene un fuerte sabor a nuez que se identifica claramente con el pan de centeno. Se usa principalmente en el norte y centro de Europa para añadir un rico sabor a los platillos y guisados de carne y pollo. Generalmente las semillas se usan enteras. Para que se mantengan frescas almacénelas en un recipiente hermético en un lugar fresco y oscuro hasta por 6 meses.

CHILES A continuación presentamos algunos de los tipos de chiles más comúnmente usados en las recetas de este libro:

Chipotle: Es la versión ahumada y seca de los jalapeños. Los chipotles se consiguen enlatados con ajo, jitomates y vinagre y tienen la etiqueta de "chipotles en adobo". Son moderadamente picantes y tienen un característico sabor ahumado.

Jalapeño: Este chile verde brillante mide 4 cm (1½ in) de largo y varía entre picante y muy picante y es uno de los más populares. Se consigue enlatado o fresco y algunas veces se le encuentra en su estado ya maduro de color rojo brillante.

Pasilla: También llamado chile negro, este chile seco es oscuro, angosto y arrugado. Mide cerca de 15 cm (6 in) de largo y son dulces y picantes.

Thai: Es un chile pequeño delgado verde o rojo, que generalmente mide 2.5 cm (1 in) de largo y es muy picante. También se le conoce como chile pájaro.

COMINO Esta especia es característica de las cocinas mexicana e hindú y tiene un aroma distintivo. El comino se consigue en la sección de especias de los supermercados, ya sea molido o como semillas de color café claro que se pueden tostar y moler. Se debe usar en poca cantidad para resaltar el sabor de la carne y las verduras y no opacarlo.

COUSCOUS El couscous es un tipo de pasta hecho de trigo de semolina. El couscous hecho en casa se hace humedeciendo la semolina y amasándola entre las palmas de sus manos para formar pequeños granos. Se cocinan al vapor hasta suavizar. El couscous comercial se cocina rápidamente y se consigue en la mayoría de los supermercados y las tiendas naturistas.

FIDEOS ORIENTALES También se les conoce como frijoles mung, fideos transparentes y vidriosos o tallarines de estambre de frijol; los fideos orientales se hacen al moler los frijoles mung con agua. Parecen cables blancos delgados cuando están secos pero se vuelven suaves y transparentes después de cocinarse. Suavice los fideos en agua caliente durante 20 minutos antes de añadirlos a las sopas y a los sofritos. Si se fríen sin remojar, se expanden formando un nido de fideos blancos esponjados y crujientes.

HINOJO El hinojo es una verdura en forma de bulbo, con un ligero sabor a regaliz. Las hojas emplumadas pueden cortarse y añadirse a los platillos como condimento o adorno y las semillas secas se usan generalmente en las recetas mediterráneas y asiáticas. Para preparar el hinojo, corte las puntas de los tallos en donde las hojas se vuelven densas, corte el bulbo a la mitad a lo largo y saque el corazón sólido de la parte inferior del bulbo. Rebane el hinojo transversalmente.

HUEVOS CRUDOS Los huevos se usan algunas veces crudos o parcialmente cocidos en salsas y en otras preparaciones. Estos huevos corren el riesgo de estar infectados con salmonela o alguna otra bacteria, la cual puede ocasionar una intoxicación. Este riesgo es mayor para los niños pequeños, personas de edad avanzada, mujeres embarazadas y aquellas personas con un sistema inmunológico débil. Si se preocupa por su salud, no consuma huevos crudos.

JITOMATES, ASADOS AL FUEGO El usar jitomates asados al fuego le da al platillo un sabor fuerte y ahumado que combina especialmente bien con los sabores mexicanos de comino, chile y cilantro. Los jitomates asados al fuego ya enlatados, que se hacen ya sea asándolos al fuego directamente o ahumándolos, se pueden encontrar en los supermercados y en las tiendas naturistas.

LARDONS Es simplemente la palabra francesa para decir "pequeños trocitos de manteca" y se refiere a las tiras delgadas de manteca de puerco que se insertan en los cortes secos de carne para hacerlos más suculentos y sabrosos, o a las tiras de tocino que se usan en las ensaladas o en un rico estofado.

MANDOLINA La mandolina es un utensilio plano rectangular que se usa para rebanar la comida en tiras muy delgadas. Viene generalmente con un surtido de navajas suaves y corrugadas para que la comida se pueda cortar en rebanadas, en juliana o en corte de waffle. Las ventajas de usar una mandolina son la precisión y regularidad.

MIRIN Un ingrediente importante en la comida japonesa, el mirin es un vino dulce para cocinar hecho de arroz glutinoso fermentado y azúcar. Este vino de color dorado pálido y de consistencia tipo jarabe añade un rico sabor y un brillo translúcido a las salsas, aderezos, carnes asadas y platillos de lento hervor.

MOSTAZA DIJON Es una mostaza con sabor fuerte preparada en el área de Dijon, en Francia. La mostaza Dijon está hecha principalmente de las semillas cafés de la mostaza molidas, vino blanco y/o vinagre blanco, y condimentos.

OPORTO Es un vino dulce y fortificado con mucho cuerpo. Su nombre proviene del lugar en el cual se embarcó por primera vez, la ciudad de Oporto al norte de Portugal. El Oporto viene en tres tipos: Oporto ruby dulce, tan rojo como su nombre; Oporto tawny de color ámbar y más seco; y el más caro de todos, Oporto vintage, que es rico y complejo y se puede añejar durante décadas.

PASTINACA De la familia de la zanahoria, esta raíz de color marfil se parece a su brillante y conocida pariente. La pastinaca tiene un sabor ligeramente más dulce y una textura más dura y almidonada que se suaviza al cocinarse. Es el ingrediente básico de los estofados completos de invierno y tiene un excelente sabor asada, al vapor, hervida u horneada.

PIMIENTOS, ASANDO Puede asar pimientos sujetándolos directamente sobre la flama de gas de su estufa o poniéndolos en un asador. En ambos casos, déle la vuelta usando unas pinzas hasta que toda la piel esté ampollada y ennegrecida por todos lados; tenga cuidado de que no se queme su carne. Ponga los pimientos ennegrecidos dentro de una bolsa de papel o plástico, cierre herméticamente y deje reposar durante 10 minutos; retire la piel con sus dedos. Corte los pimientos a lo largo, deseche los tallos, semillas y membranas y corte al gusto.

QUESO CHEDDAR Es un queso de leche de vaca que gusta por su sabor fuerte y salado, y varía de suave a intenso. Los quesos cheddar de Farmhouse saben más fuerte que los cheddar americanos. El queso cheddar se hace principalmente en los Estados Unidos, Canadá y el Reino Unido.

RÁBANO SILVESTRE, CREMA Esta combinación picante de rábano silvestre y crema ácida se puede comprar en los supermercados bien surtidos, o puede hacer la suya propia al mezclar ½ taza de crema ácida con 2 cucharadas de rábano silvestre preparado.

TALLARINES DE ARROZ Los tallarines de arroz son una especie de tallarín plano y seco hecho de arroz. Los puede encontrar en los supermercados bien surtidos o en las tiendas especializadas en alimentos asiáticos.

ÍNDICE

DEGUSTIS
Es un sello editorial de
Advanced Marketing, S. de R.L. de C.V.
Aztecas 33, Col. Sta. Cruz Acatlán, C.P. 53150 Naucalpan, Estado de México

WILLIAMS-SONOMA
Fundador y Vicepresidente: Chuck Williams

WELDON OWEN INC.
Presidente Ejecutivo: John Owen; Presidente: Terry Newell;
Vicepresidente, Ventas Internacionales: Stuart Laurence; Director de Creatividad: Gaye Allen;
Editor de Serie: Sarah Putman Clegg; Editor: Emily Miller; Diseño0: Leon Yu
Asistente de Diseño: Marisa Kwek; Gerente de Producción: Chris Hemesath;
Gerente de Color: Teri Bell; Coordinación de Envíos y Producción: Tood Rechner

Weldon Owen agradece a las siguientes personas por su generosa ayuda y apoyo en la
producción de este libro: Escritor Contribuyente; Stephanie Rosenbaun; Editor de Copias:
Carrie Bradley; Editor Consultor: Carolyn Miller; Gerente de Diseño: Joan Olsen;
Estilistas de Alimentos: Kim Konecny y Erin Quon; Asistente de Fotografía: Faiza Ali;
Asistente de Estilista de Alimentos: Michael Sorantino; Corrección de Estilo: Desne Ahlers y
Carrie Bradley; Índice: Ken DellaPenta; Supervisión de la Edición en Español: Marilú Cortés García,

Título Original: *Soup & Stew*   Traducción: Laura Cordera L.,Concepción O. De Jourdain
Sopas y Guisados de la Colección Williams-Sonoma fue concebido y producido
por Weldon Owen Inc., en colaboración con Williams-Sonoma.

Una Producción Weldon Owen Derechos registrados © 2002 por Weldon Owen Inc, y Williams-Sonoma Inc.

Derechos registrados © 2005 para la versión en español: Advanced Marketing, S. de R.L. de C.V.
Aztecas 33, Col. Sta. Cruz Acatlán, C.P. 53150 Naucalpan, Estado de México

Presentado en Traján, Utopía y Vectora.

ISBN 970-718-281-4

Separaciones de color por Bright Arts Graphics Singapur (Pte.) Ltd./ Color separations by Bright Arts Graphics Singapore (Pte.) Ltd.
Impreso y encuadernado en Singapur por Tien Wah Press (Pte.) Ltd./Printed and bound in Singapore by Tien Wah Press (Pte.) Ltd

1 2 3 4 5   04 05 06 07 08

UNA NOTA SOBRE PESOS Y MEDIDAS

Todas las recetas incluyen medidas acostumbradas en Estados Unidos y medidas del sistema métrico.
Las conversiones métricas se basan en normas desarrolladas para estos libros y han sido
aproximadas. El peso real puede variar.